奄美・沖縄諸島
先史学の最前線

高宮広土 編

南方新社

序

鹿児島大学学長　前田芳實

　本学が所在する鹿児島県の特徴はと問われた際に、まず頭に浮かぶのは「南北 600km」という鹿児島県の南北の距離ではないでしょうか。この距離の大半を占めているのが奄美群島を含む薩南諸島という島嶼域で、「島」は他都道府県にはない鹿児島県の大変貴重な地理的特徴の一つとなっています。その特徴ゆえに特に注目されるのが奄美群島で、これらの島々は生物と文化の多様性が共存している大変魅力的な地域であり、現在、世界自然遺産に向けて準備を行っていることは周知の通りだと思います。

　鹿児島大学は本土最南端に位置する総合大学として、鹿児島からアジア太平洋に広がる「島」を対象に教育研究する日本で唯一の「国際島嶼教育研究センター」を設置しました。さらに平成27年には島の研究と教育に加え、地域貢献を行うことを目的として、奄美市名瀬柳町に本学教員が常駐する「奄美群島拠点・国際島嶼教育研究センター奄美分室」を開設いたしました。

　また、鹿児島大学では重点的に研究を行う重点領域研究が5つ設定されておりますが、その中の一つが島を総合的に研究する重点領域研究「島嶼」です。このように鹿児島大学では鹿児島県の地理的特徴である「島」を対象に様々な教育研究活動を推進するとともに、その研究成果を一般の方々に還元する社会貢献も進めております。その重点領域研究「島嶼」における社会貢献活動の一つとして、2017年1月22日に鹿児島県奄美市名瀬（於 AiAi ひろば）にてシンポジウム『奄美・沖縄諸島先史学の最前線』が開催されました。

　先史学とは文字のない時代を研究する分野で、奄美・沖縄諸島では約3万年前から約1000年前というとても長い時代です。ここ20年程の先史学の成果は目覚ましいものがあるそうですが、地元の一般の方々にその内容をご紹介する（つまり地元に還元する）機会がほとんどないのが現状でした。上記した奄美分室の教員らとの打ち合わせをしたところ、奄美群島やその南に位置する沖縄諸島の先史時代が世界的に大変価値のあることをご紹介する必要性が議論されました。その結果、このシンポジウムでは、世界的に権威のある5分野の学外

の先生方をお迎えし、奄美・沖縄における先史時代の人々の起源、文化や生活様式についての最先端の情報をご報告していただきました。シンポジウム当日は AiAi 広場の会場には開会 1 時間前からの参加があり、開会の時間になると会場では立ち見も出るほどの盛況なシンポジウムとなりました。また、発表内容も地元の方々にも大変刺激的であったようで、質疑応答の時間には参加者から多くの質問やコメントが寄せられました。そのコメントの一つが、今回のシンポジウムを書籍として残して欲しい、ということでした。私自身もシンポジウムに参加し、講師の方々の発表やその後の質疑応答をお聞きして、本シンポジウムの書籍化は奄美群島や鹿児島県の貴重な記録、あるいはデータとなると痛感し、この度、書籍化の運びとなりました。あのシンポジウムに参加なさった方々は本書を手に取り、その当時の発表内容の意義を再認識してくださると確信いたします。また、当日参加したかったけれど参加できなかった方々や本シンポジウムの内容をご存知ではない方々は本書により、奄美・沖縄諸島の先史時代の醍醐味が理解できるのではないでしょうか。

　『最前線』ということで本著には、当日の講演にはなかった考古学の章を 2 つ加えました。さらに、喜界島、奄美大島、徳之島、沖永良部島、与論島と沖縄島およびリュウキュウイノシシに関する最新の情報を、コラムという形で掲載いたしました。本著により読者の皆さんが奄美・沖縄諸島の先史時代について少しでも興味を抱いてくださったら幸甚に存じます。

　鹿児島大学といたしましては、今後も、奄美群島を含む島嶼域における教育研究を行っていくとともに、このような形で皆様に最先端の研究成果を還元させていただく活動を進めていきたいと思っております。

　最後に、今回このようなシンポジウムにおけるご発表やご執筆を快諾してくださった先生方に心より感謝申し上げます。

イントロダクション

高宮広土（鹿児島大学国際島嶼教育研究センター）

　ヒトの歴史は大きく分けて歴史時代と先史時代に分かれる。前者は文字のある時代、そして後者は文字のない時代のことである。奄美・沖縄諸島では島々へヒト（現生人類；ホモ・サピエンス）が姿を現し、文字記録が始まるまでの期間である。奄美・沖縄諸島における先史時代はこの地域の人類史の95％以上を占めており、今日の奄美・沖縄諸島の人間集団や文化の根幹となったと考えられる大変重要な時代である。この時期に人々が絶滅あるいは異なる文化過程を歩んでいたら、今日の奄美・沖縄人および奄美・沖縄文化は存在しえないのだから。換言すると先史時代があったからこそ、現代の奄美・沖縄人および奄美・沖縄文化が開花したのである。この95％の時代にどのような人間集団がいて、彼らはどのような文化を有していたのだろうか。また、現代でも同様に、奄美・沖縄諸島の先史時代を研究する際、当然この地域が「島々」から成り立っていることも考慮しなければならない。大陸や本土のような大きな島と比較して、奄美・沖縄諸島のような島々は食資源を含め資源の種類や量が少ない点が大きな特徴であるが、このような島嶼環境でどのようにして生存したのであろうか。

　文字のない時代であるので、これらの問いへの答えを得るためには考古学的なアプローチが必要となる。つまり発掘調査である。さらに、先史時代をより詳細に理解するためには、考古学以外の関連分野との協働研究も不可欠である。奄美・沖縄諸島先史学の特筆すべき点の一つに、この地域では考古学と関連分野の研究者による学際的な研究が日本の他の地域ではみられないほど進展している点である（例えば、高宮・新里 2014）。世界的にみても一つの島嶼環境の先史時代を多くの研究分野により研究がなされている島はあまりないのではないであろうか。奄美・沖縄諸島先史学の誇れる点である。このような学際的な研究の結果、奄美・沖縄諸島の先史時代の人と文化に関しての多くの新しい知見が理解されつつある。中には世界的に大変珍しい先史文化があったこと

も示されつつある。

　この学際的なアプローチにより、過去約20年間における奄美・沖縄諸島先史学の発展には目をみはるものがある。実際、私を含め多くの研究者が、当時、想像もつかなかった新発見や新知見が、この間、数多く報告されている。しかしながら、このような新発見や新知見は研究者の間では学会や研究雑誌などを媒体として共有されてきたが、前田学長の序文にも書かれているように、一般の方々へ紹介する（あるいは地元へ還元する）機会は多くはなかった。

　鹿児島大学国際島嶼教育研究センター奄美分室が2015年4月に奄美市に設置されたが、その大きな目的の一つは最新の研究を地元の方々に知っていただくことである。今回、数ある研究分野の中から、その進展の著しい先史学をテーマとすることが決定し、2017年1月22日に最新の先史学の成果を地元の方々に知っていただきたく、シンポジウム『奄美・沖縄先史学の最前線』が奄美市名瀬に所在するAiAi広場にて開催された。当日の発表者は篠田謙一（ミトコンドリアDNA）、米田穣（炭素・窒素安定同位体比分析）、竹中正巳（古人骨）、黒住耐二（貝類）、樋泉岳二（脊椎動物）および高宮広土（植物）であった。これらのテーマに加えて本書では『最前線』というタイトルから新里貴之と新里亮人による考古学に関する最前線の章を2章追加した。さらに、『最前線』ということで、奄美諸島を構成する奄美大島（高梨修）、喜界島（野﨑拓司）、徳之島（具志堅亮）、沖永良部島（北野堪重郎）および与論島（呉屋義勝・南勇輔・竹盛窪）の島々における最新の情報をコラムという形で提供する。また、このコラムには奄美諸島5島に加えて、沖縄諸島（山崎真治）とリュウキュウイノシシ（高橋遼平）に関する最も新しい情報を掲載したコラムも用意した。コラムの執筆者もそれぞれの島で長年研究しているか、奄美・沖縄諸島の先史学に精通した研究者である。

　次に、奄美・沖縄諸島の先史時代の編年について簡単に説明したい。北海道を除く本土では旧石器時代、縄文時代、弥生時代および古墳時代という時代名称があるのはご存知であろう。一方、奄美・沖縄諸島では今日までにいくつかの編年が提唱されている（表1）。奄美・沖縄諸島の先史時代の編年については、5年間の大型プロジェクトであった環太平洋環境文明史（領域代表・青山和夫）の1研究分野であった琉球班で詳細に検証および議論を重ねた結果、A案が妥

表1　奄美・沖縄諸島の編年

B.P.	南島中部圏（奄美・沖縄諸島）				本土（北海道以外）
	A案	B案	C案	D案	
ca. 11/12~15 AD	グスク時代				室町 鎌倉
1,400	貝塚時代 後2期	貝塚時代 後III・IV期	貝塚時代後期	弥生〜平安並行期 後半	平安 飛鳥
2,600	貝塚時代 後1期	貝塚時代 後I・II期		弥生〜平安並行期 前半	古墳 弥生
3,000	貝塚時代 前5期	貝塚時代 前V期	貝塚時代中期	縄文時代晩期	縄文時代晩期
4,000	貝塚時代 前4期	貝塚時代 前IV期	貝塚時代前期	縄文時代後期	縄文時代後期
5,000	貝塚時代 前3期	貝塚時代 前III期		縄文時代中期	縄文時代中期
6,000	貝塚時代 前2期	貝塚時代 前II期	貝塚時代早期	縄文時代前期	縄文時代前期
7,000	貝塚時代 前1期	貝塚時代 前I期		縄文時代早期	縄文時代早期
10,000	土器文化の始まり？				縄文時代草創期
32,000	旧石器時代				旧石器時代

＊本土編年とのおおよその比較であり、南島中部圏の時代区分とは必ずしも一致しない

当ではないかという結論となった（新里 2014a）。それゆえ本論文集では、A案を援用する。この編年では、ヒトが奄美・沖縄諸島に出現した約3万年前から約1万年前までを旧石器時代とし、約7000年前から約1000年前までを貝塚時代と呼び、約1000年前から500/600年前までをグスク時代とする。貝塚時代に関しては本論文集ではさらに細分しての論考があるので、その点について述べておきたい。貝塚時代は大きく分けて前期と後期から成り立ち、前者は本土の縄文時代に、後者は弥生時代から平安時代にほぼ相当する。さらに、貝塚時代前期は前1期から前5期および後期は後1期と後2期に細分される（表1）。一般の読者の方々には聞き慣れない編年および時代名称と思われるが、この地

域の先史文化を理解するために、この編年を頭の片隅において本論文集に目を通していただきたい。また、琉球列島の考古学では旧石器時代と貝塚時代を先史時代とし、グスク時代を原史時代と呼ぶことが通例となっているが、本論文集では暫定的にグスク時代を含めて先史時代とする。もう二つのお断りしたい点として、本論文集では奄美群島と奄美諸島や、漁労・採集と狩猟・採集・漁労の混在や研究者の間で時代観が異なる場合があるが、ここではこれらを統一しないこととする。以上のバックグラウンド的な情報をもとに、以下に本論文集の各章について紹介する。

第1章および第2章は奄美・沖縄諸島の考古学に関する章である。新里亮人は第2章で、琉球列島史上の大きな特徴は「長期的で継続性の高い狩猟採集の時代と農耕の普及から一気に王国成立へと駆け抜けるスピードの速さ、このアンバランスさ（新里第2章：49）であると指摘している。第1章は「長期的で継続性の高い狩猟採集の時代」に焦点を当てるものである。この「長期的で継続性の高い狩猟採集の時代」を新里貴之は「ひとによっては琉球列島の先史文化が遅れている、とか停滞していたとみるむきもあるだろう（新里2014b:193）」とも表現している。実際そのように感じて研究を行っていた研究者もいたのではないであろうか。しかし、近年の奄美・沖縄先史学はこのネガティブな認識を覆している（この点は他の章やコラムも同じ）。貝塚時代は大変ダイナミックな時代であったのである。

新里貴之は第1章で、貝塚時代の中でもトカラ列島を含む奄美諸島と沖縄諸島の土器様式が最も異なる後1期の土器文化に焦点を当てる。北海道以外の本土ではおおよそ弥生時代から古墳時代に相当する時代で、本土では農耕化や階層化といった劇的な文化・社会変化があり、それと比較すると後1期は「停滞していた」と映るかも知れない。新里貴之は時空間の最小単位を把握可能な土器研究によって、南九州、大隅諸島、トカラ列島、奄美諸島および沖縄諸島の貝塚時代後1期（ほぼ本土の弥生時代中期～古墳時代）の弥生土器化する／しない在来の土器様式の変化の背景について考察する。

外来系土器（九州系・奄美系土器）は、沖縄諸島へ弥生時代中期に集中的に移動するという性格があり、外来品（鉄器類・青銅器類・石器類・ガラス玉

類)の分布もまた沖縄諸島へ集中しており、かつ島内で特定遺跡に偏る分布を持つ。しかしながら弥生時代終末期以降～古墳時代は、大隅諸島へ主要な分布が変わる。一方でゴホウラ・イモガイといった南海産大型貝類を集めた遺構は、沖縄諸島で多く確認されている。オオツタノハは、大隅諸島～奄美諸島で大型品が採集されるという。これは、九州北部を貝輪の主要消費地、沖縄諸島をゴホウラ・イモガイの主要供給地とする弥生時代の「南海産貝交易」、そして、九州地域と大隅諸島を主要消費地とし、大隅諸島・沖縄諸島を主要供給地とする古墳時代の「南海産貝交易」を背景とした物流であり、この時代の仲介者集団を含めた動きが、在地土器様式の弥生化という現象にあらわれ、変容した在地土器様式の最小単位が、貝交易に対応する各島嶼集団の単位としてあらわれたものである、とする。「土器の動きを人の動き」と仮定すると、この時期の南九州、大隅諸島、トカラ・奄美諸島および沖縄諸島における活発な人の動きがみえ、当時の島嶼文化や社会がその動きに対応しており、決して「停滞」したものではなかったことを示している。また、この貝交易は琉球列島の多種多様な貝文化を、貝輪製作のみに特化してしまうほどの文化的影響があったとされ、決して表層的なものでなかったことを論じている。

　次に第2章では、新里亮人のいう「農耕の普及から一気に王国成立へと駆け抜けるスピードの速」かった貝塚時代後半からグスク時代に関する論考である。第2章において新里亮人は、まず貝塚時代とグスク時代の文化を概観し、上記の「アンバランスさ」を再確認する。その後、王国への道のりへの「スピードの速さ」を考察するために、グスク時代の遺跡より出土した食器類のあり方を検討する。ここでいう食器類とは碗、皿、壺、甕、鍋および鉢などで、近年まではグスク時代の編年作成のために主に利用されてきた人工遺物である。また、その編年作成作業は発掘調査件数が多く、王国の王都が存在した沖縄諸島を中心になされ、奄美諸島や先島諸島が研究対象となることはほとんどなかった。最近になり、ようやく奄美諸島および先島諸島においても発掘調査件数が増加し、貴重な情報が得られている。

　新里亮人は沖縄諸島に加えて、新たな情報をもとに奄美諸島と先島諸島を対象にして食器類を分析する。主な分析の対象となった食器類は徳之島で生産されたカムィヤキ、長崎県産の滑石製石鍋および中国陶磁器である。その結果、

王国形成に関する複雑な過程がみえてきた。すなわち、王国形成は沖縄本島で個別的・独立的に起こったのではなく、奄美諸島や先島諸島もこの社会進化に大きな役割を果たした。まず、グスク時代開始期（11、12世紀）には九州島からの影響が強く、その中で奄美諸島は沖縄諸島以南への食器類の生産・流通の拠点であった可能性があり、さらに社会の階層化も奄美諸島でいち早く発生し、その後、南の島々へ拡散した。一方、13世紀中頃になると先島諸島は南中国産の陶磁器類の物流口となる。沖縄諸島ではこの頃からグスクが構築され始めるが、奄美諸島および先島諸島の両窓口にアクセスのあった沖縄諸島では社会の複雑化にさらに拍車がかかったことが舶来品などの食器類から推測できる。奄美諸島の北からの窓口および先島諸島の南からの窓口があり、これらの両窓口は沖縄諸島における王国形成に大きな役割を果たしたのではと推察するものである。

　今回は旧石器時代に関しての章はないが、山崎のコラムでわかるように奄美・沖縄諸島には旧石器時代から人がいた。奄美・沖縄諸島の人々は一体どこからやってきたのであろうか。さらに最初の奄美・沖縄人は今日の奄美・沖縄人の直接の祖先なのであろうか。近年「（ミトコンドリア）DNA分析という（中略）従来の研究方法とは比較にならないほどの精度で、集団の形成のシナリオを描くことができる（篠田第3章：83）」研究方法が奄美・沖縄諸島を含む琉球列島にも導入されている。篠田は自身の長年の研究の成果として、日本人の起源がかつて最も説得力のあった日本人二重構造モデルが提唱するシナリオよりかなり複雑であることを示してきたが（篠田2015）、琉球列島の人々の起源もミトコンドリアDNA分析からは一筋縄ではいかないことが明らかになりつつあることを第3章で詳説する。篠田は旧石器時代人、貝塚時代前期末（縄文時代晩期相当期）人、貝塚時代後期（弥生〜平安並行期）人、グスク時代人、浦添ようどれ人および喜界島（中世〜近世）出土の人骨より得られたミトコンドリアDNA分析結果をもとに議論を展開する。その結果、前時代との遺伝的な断絶があったり、あるいはそれまでには存在しなかったタイプが出現したりすることを明示する。つまり、人口の断続性や新たな集団の植民を示唆するのである。また、考古学的データからはみえてこない人の動きもミトコンドリアDNA分析からはみえてくることもあるようだ。その中には考古学の常識から

は「まさか！」と反論されるであろう大胆な仮説も篠田は提唱している。最後に篠田はこの地域を日本列島の周縁として捉えるのではなく、中心として研究することが重要であると結ぶが、この点はミトコンドリアDNA以外の研究分野にも当てはまるのではないであろうか。

　第4章および第5章は動物遺体分析からみえてきた動物食利用と先史時代の環境についての章である。奄美・沖縄諸島では貝殻や脊椎動物の骨の保存状態の良い遺跡が多く、これらの地域の考古学の開始期の初めの1900年代前半から分析の対象となっていた。長年のデータの蓄積に加え、ここ20年ほどは専門家（主に黒住・樋泉）による1mmメッシュなどを利用するという緻密なサンプリングと分析がなされてきた。貝類遺体分析や脊椎動物遺体分析から、どのような先史時代が理解されつつあるのであろう。

　第4章は黒住耐二による貝類遺体分析を取り扱った章である。まず、先史時代における貝類利用の特徴は貝塚時代人が目前にひろがるサンゴ礁域より得られる貝類を大いに活用し、この時代は貝と魚を中心とする漁労―採集の時代であったと黒住は説く。しかし、続くグスク時代からは貝類が回収される良好な遺跡がほとんどなく（つまり、貝塚時代ほど活発に貝類を利用していなかった）、その要因はグスク時代において穀類農耕が導入され、支配者層が出現し、彼らによって人々は「強制的」に農耕に従事させられたためであろうと黒住は提唱する。その上で貝塚時代人の貝類利用について詳説する。

　面縄貝塚（徳之島伊仙町）は面縄第1、第2、第3および第4貝塚から構成されており、約6000年前から1000年前の遺跡で、琉球列島において唯一貝塚時代の貝類利用が時間軸に沿って理解できる遺跡である。これらの遺跡は内陸や砂丘上に所在し、遺跡によって利用された貝種やその生息場所が異なるものの、一貫してサンゴ礁域の貝類を利用していた。細部では面縄貝塚と若干異なる利用方法を示す遺跡もあるが、面縄貝塚での分析結果はおおむね奄美諸島の貝塚時代の貝類利用を反映している。

　遺跡より出土する貝類の研究は黒住以前にもなされていたが、黒住は奄美・沖縄先史学に新たな解釈をいくつも提案している。例えば、アマオブネ類が食料として利用された種もあるが、出汁として用いられた種もあったであろうという。また、多くの遺跡から多量に出土するシャコガイ類に関してはその採捕

にコストがかかることから、黒住は「時間的余裕」があったからであろうと説明する。貝類は食料以外にも利用され、黒住はその中でもヤコウガイとツノガイ類に焦点を当て、興味深い考察を提供する。最後に奄美・沖縄諸島では花粉の保存状態が良好でなく、古環境を復元することは難題の一つであるが、黒住は遺跡から出土する微小なカタツムリを分析することで古環境の復元を試みる。この手法は奄美・沖縄諸島のみならず、琉球列島においても大変斬新な手法である。

　貝類と同様に先史時代において重要なタンパク源となったものが脊椎動物である。樋泉岳二は第5章で先史時代における脊椎動物利用を考察する。約20年前まで、上述したように、奄美・沖縄諸島の考古学では古くから脊椎動物骨が遺跡から回収され、報告もなされていた。しかし、その多くの報告が「ブダイが多い」や「イノシシが多く検出された」など、個々の遺跡における出土脊椎動物の傾向についての描写が主であった。この20年間の脊椎動物遺体分析は、先史時代において動物利用のパターンがあったことを明らかにしている。

　樋泉によると、貝塚時代初期の約7500年前からグスク時代および近世にかけての期間に脊椎動物利用には大きく分けて3つのパターンがあるという。その時代をそれぞれⅠ期（貝塚時代前1期～前2期）、Ⅱ期（貝塚時代前3期～貝塚時代後期）およびⅢ期（グスク時代〈11世紀以降〉～近世）とする。Ⅰ期は脊椎動物の大半をイノシシが占める。この頃にはすでに奄美・沖縄諸島は海に囲まれ、ある程度形成されたサンゴ礁環境も存在したと考えられるが、魚骨はほとんど検出されていない。樋泉はその要因を技術的あるいは精神的な面であったのかもしれないと解釈する。Ⅰ期の後半（前2期）から、魚骨が増加する。なぜ、この頃になって魚が多く利用され始めるのか。樋泉は九州縄文人（曽畑式土器）との接触がその要因の一つではなかったのかという仮説を提唱する。この時期の興味深い点に、魚骨の組成には、ブダイ科などの典型的なサンゴ礁の魚は少ないことがある。続くⅡ期になるとサンゴ礁の魚類が大部分を占め、数千年間安定的・保守的に利用された。樋泉はこの安定性・保守性をこの時期の動物利用の大きな特徴と説く。しかしながら、このシステムは続くⅢ期に大きく崩壊してしまう。すなわち、魚類の検出数が減少し、変わってウシなどの家畜動物が急増する。樋泉は農耕の導入に伴ってウシなどの家畜が

利用されるようになったと説く。

　樋泉もまた出土脊椎動物から古環境の復元を試みる。例えば、徳之島に所在する面縄第2貝塚からは、鳥獣類の中ではリュウキュウイノシシに次いでアマミノクロウサギが多出しているという。アマミノクロウサギは面縄第2貝塚人にとって身近な脊椎動物食であったと同時に、この頃の環境も示唆された。すなわち、この遺跡は当時の海岸砂丘上に形成されたものであるが、アマミノクロウサギは森林性の動物であるので、遺跡が利用されていた頃は今日と違って森林に覆われていたのではないかと樋泉は推定する。また樋泉のいうIII期になると、リュウキュウヤマガメが激減するという。この要因は農耕が生業の基盤となり、森林伐採が進んだからだと考察する。

　前述したように奄美・沖縄諸島では考古学が導入された約100年前から、黒住や樋泉のような緻密なサンプリングや分析ではなかったが、発掘調査中に脊椎動物の骨や貝殻が回収され、どのような種が利用されていたか報告されていた。これらの分析からはリュウキュウイノシシやブダイなどのサンゴ礁域の魚類あるいは貝類が紹介されていた。このような動物を食料として利用していた際、炭水化物が不十分であるので植物食も大きな役割を果たしていたであろうと想像された。しかしながら、先史時代の人々が食料として利用したであろう植物に関しては、ごく最近までほとんど解明していなかった。この状況に突破口を開いたのがフローテーション法の導入である。この20年ほど、奄美・沖縄諸島の発掘調査にてフローテーションが活用されるようになり、先史時代の植物食利用がようやく明らかになりつつある。

　第6章は高宮広土による先史時代における植物食利用についてである。1990年前半頃までには9つの貝塚時代の遺跡より植物遺体が報告されていたが、それらは堅果類などの野生の植物で栽培植物は含まれていなかった。しかしながら検出された植物遺体の種類や量が断片的であり、この時代に農耕があったのではないかという仮説も提唱されていた。1990年前半よりフローテーションが奄美・沖縄諸島の遺跡発掘の際に炭化植物遺体（炭化種実）を回収する目的で導入された。多くの遺跡において回収された植物遺体は期待したほどの量ではなかったが、いくつかのことが明らかになりつつある。まず、貝塚時代は堅果類などの野生植物の採集者の時代であった。動物遺体の分析を加えると、こ

の時代は狩猟・採集・漁労の時代であったことが強く支持される。この点は大変貴重な情報である。それは奄美・沖縄諸島のような島で数千年以上も狩猟採集民がいたことが理解できるのであるが、このような島で狩猟採集民が長期間存在した島は世界を見渡してもほとんど存在しないからである（Takamiya et al. 2015)。また、狩猟採集から農耕への変遷も明らかになりつつある。それは奄美諸島では8世紀から12世紀、沖縄諸島では10世紀から12世紀であった。さらに、奄美・沖縄諸島における初期農耕の実態についても理解できるようになってきている。彼らは本土弥生のようにイネ中心であったのであろうか。

　上記の6章に加えて、本論文集では奄美・沖縄諸島のその他の最新のニュースを提供するため、以下のコラムも加えた。コラム1では近年の琉球列島における大発見であり沖縄県の旧石器時代遺跡である白保竿根田洞穴遺跡の紹介が山崎真治によってあり、次いで山崎自身が発掘調査を実施しているサキタリ洞遺跡について、その発見の意義が語られている。コラム2は呉屋義勝・南勇輔・竹盛窪による最近の与論島における遺跡分布調査の成果についてである。その結果は関係者を驚かせるほどの数の遺跡が確認されたという。コラム3は北野堪重郎による沖永良部島の考古学で、約6500年前から遺跡が存在し、国指定史跡住吉貝塚などの遺跡もある。また、沖永良部には「えらぶ世之主」を葬ったとされる世之主の墓など、大型の墓がグスク時代に建立された点についても触れている。コラム4は具志堅亮による徳之島の先史時代で、まず本論文集でも多くの研究者によって述べられている面縄貝塚についての説明がある。これを一読することによって、面縄貝塚の意義が一層理解しやすくなるのではないであろうか。また、最近の大発見につながる可能性のある下原洞穴遺跡についての紹介がある。

　コラム5は野﨑拓司による喜界島の最新情報である。2000年頃より始まった城久遺跡群の発掘調査から喜界島では世間を驚嘆させる発見が相次いでいるが、野﨑は琉球列島ではほとんど知られていない畠跡や鉄づくりについて紹介する。コラム6は奄美大島のフワガネク遺跡出土の動物遺体分析において、その初期段階では同定のできなかった魚が試行錯誤ののち同定できたことによって、大変示唆的な情報を提供したという高梨修によるものである。コラム7は高橋遼平によるリュウキュウイノシシのDNA分析に関する話で、篠田のヒト

イントロダクション

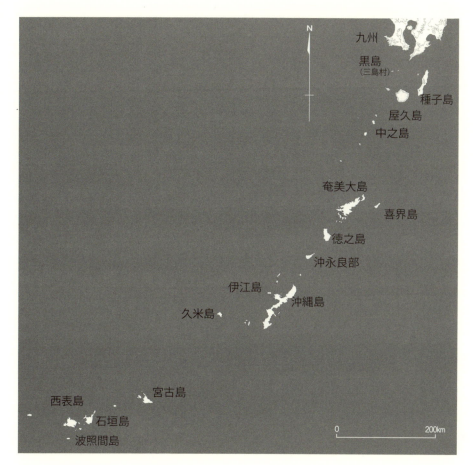

図1　本論文集で言及される主な島々

のミドコンドリアDNA分析と同様に興味深いことが分かりつつある。最後にコラム8であるが、炭素・窒素安定同位体比分析についてである。本来なら当日の発表者である米田穣の章となるべきであったが、今回は時間的余裕がなかったことから、専門外であるが最前線の情報として高宮が奄美・沖縄諸島先史時代においてこの方法で何が明らかになったかを簡単にまとめた。

　これらの章とコラムによって奄美・沖縄諸島先史時代最前線の情報が、読者の皆様に興味のわく情報となればこの上ない幸いである。図1に本論文集で言

及される主な島の位置を示した。島の位置を確認する際などに参照されたい。

参考文献

篠田謙一 2015『DNAで語る日本人起源論』岩波書店：東京

新里貴之 2014a「琉球列島の先史時代名称と時期区分」『琉球列島先史・原史時代における環境と文化の変遷に関する実証的研究　研究論文集　第1集　琉球列島の土器・石器・貝製品・骨製品文化』新里貴之・高宮広土（編）pp.viii-xii 六一書房：東京

新里貴之 2014b「島における先史時代の墓」『文明の盛衰と環境変動：マヤ・アステカ・ナスカ・琉球の新しい歴史像』青山和夫・米延仁志・坂井正人・高宮広土（編）pp. 193-205 岩波書店：東京

高宮広土・新里貴之（編）2014『琉球列島先史・原史時代における環境と文化の変遷に関する実証的研究　研究論文集　第2集　琉球列島先史・原史時代の環境と文化の変遷』六一書房：東京都

Takamiya, H., M. J. Hudson, H. Yonenobu, T. Kurozumi and T. Toizumi 2015 "An Extraordinary Case in Human History: prehistoric hunter-gatherer adaptation to the islands of the Central Ryukyus (Amami and Okinawa archipelagos), Japan" *The Holocene* 26(3): 408-422. DOI: 10.1177/0959683615609752

目　次

序　　　　　　　　　鹿児島大学学長　前田芳實　……………………　3

イントロダクション　髙宮広土　………………………………………　5

第1章　貝塚時代後1期の土器文化　………………………　新里貴之　20

コラム1　沖縄の旧石器人とその文化　……………………　山崎真治　45

第2章　遺跡出土食器類から考えるグスク時代の琉球列島社会　新里亮人　47

コラム2　与論(ゆんぬ)の遺跡について　………………　呉屋義勝・南 勇輔・竹 盛窪　67

第3章　DNAからみた南西諸島集団の成立　………………　篠田謙一　69

コラム3　先史時代以降の沖永良部島　……………………　北野堪重郎　85

コラム4　徳之島発掘調査の『最前線』　……………………　具志堅 亮　88

第4章　奄美の遺跡から出土する貝　………………………　黒住耐二　91

コラム5　モノづくりの島 ―古代〜中世の喜界島―　………　野﨑拓司　106

| 第5章 | 遺跡出土脊椎動物遺体からみた奄美・沖縄の動物資源利用 | 樋泉岳二 | 109 |

| コラム6 | タイ釣りをする古代人 | 高梨 修 | 129 |

| コラム7 | 先史時代の食料運搬 ―イノシシ・ブタのDNA解析― | 高橋遼平 | 134 |

| 第6章 | 先史時代の人々は何を食べたか ―植物食編 最前線― | 高宮広土 | 136 |

| コラム8 | 炭素・窒素同位体比分析からわかる先史時代の食性 | 高宮広土 | 164 |

まとめ　　高宮広土　　…………………………………………　175

執筆者紹介　　　　　　…………………………………………　189

奄美・沖縄諸島先史学の最前線

第1章
貝塚時代後1期の土器文化

新里貴之（鹿児島大学埋蔵文化財調査センター）

Ⅰ．はじめに

　琉球列島は黒潮のあらう温暖な亜熱帯気候とサンゴ礁の発達で特徴づけられる自然環境を持ち、人々は先史時代からその恩恵を受けてきた。貝塚時代（≒縄文時代～平安時代）は漁労-採集社会（黒住2014）であり、長期にわたってサンゴ礁環境域の魚類・貝類とともに堅果類を伝統食とした食性を保持し、農耕を受け入れることはなかった。東アジア・極東アジア圏でも最後まで農耕を受け入れなかった地域のひとつである。また、土器・石器・貝製品を主要生活道具とし、鉄器文化を受け入れることもなかった。

　トカラ列島海域にある交通の難所七島灘と、沖縄諸島と宮古諸島間にある宮古凹地は、集団の頻繁な往来を拒み、琉球列島先史時代文化圏の特性の発達に大きく寄与した。奄美・沖縄諸島の貝塚時代文化はトカラ七島灘を越え、九州・本土との散発的な交渉を持ちつつも、一種独自の文化圏を築いてきたが、宮古凹地を越える文化的交渉はなかったと考えられている。したがって、地理的に近距離にあるトカラ列島、奄美諸島、沖縄諸島の物質文化の類似性は極めて強く、その文化内容は概ね包括されるような文化圏でくくられ、種子島・屋久島を含む九州地域や、宮古・八重山地域の先島諸島の南北に位置する文化圏と対峙する（図1）。しかしながら、これらも大きくは同じ文化圏内にあるとはいえ、その文化要素は全く同じというわけではなかった。

　今回、貝塚時代文化において、トカラ列島を含む奄美諸島と沖縄諸島の土器文化が異なった時期に焦点を当てて、その背景を概観することにする。

第1章　貝塚時代後1期の土器文化

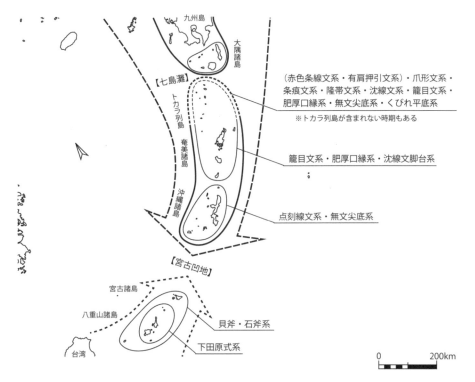

図1　琉球列島貝塚時代・先島新石器時代の文化圏

Ⅱ．土器による時期区分

　日本先史考古学において土器の研究は、時空間の最小単位を把握するための最も基本的なものとなっている。他の道具類に対して、形態変化のスピードが速く、また一定の地域に共通して分布する特徴をもつため、現在のところ普遍的で物質文化の細かい変遷と地域性を把握できるものは、土器以外にほとんどない。琉球列島の貝塚時代も同様で、これまでにも多くの研究者がこれに携わり、その特質を述べてきた。現在、伊藤慎二のまとめた土器様式構造の把握（伊藤2000）をベースに作成された近年の編年案（新里ほか2014）を用いると、土器文化圏の大要からすれば、縄文時代早期以降に並行する貝塚時代前期、弥

参考年代	日本列島 九州・本州・大隅諸島		琉球列島				宮古諸島	八重山諸島
			トカラ列島	奄美諸島		沖縄諸島		
約40000年前 約30000年前 約20000年前	旧石器時代			旧石器時代			旧石器時代	
約15000年前〜	縄文時代	草創期						
約11000年前〜		早期	貝塚時代 前1期	? ? ?	赤色条線文系? 有肩押引文系? 爪形文系			
約7000年前〜		前期	前2期	条痕文系				
約5500年前〜		中期	前3期	隆帯文系				
約4500年前〜		後期	前4期	? 籠目文系	沈線文系 点刻線文系		先島新石器時代 前期	下田原式系 (下田原期)
約3000年前 紀元前9世紀〜		晩期	前5期	肥厚口縁系				
紀元前8世紀〜 紀元前4世紀〜 1世紀〜	弥生時代	前期 中期 後期	後1期	無文尖底系 沈線文脚台系			後期	貝斧・石斧系 (無土器期)
3世紀		終末期						
4世紀 5世紀	古墳時代	前期 中期						
6世紀		後期						
7世紀	(飛鳥時代)	終末期	後2期	? くびれ平底系				
8世紀	(奈良時代)							
9世紀〜11世紀	(平安時代)			土師器系				

表1 貝塚時代・先島新石器時代の土器様式系統図
伊藤2011, 新里ほか2014, 山崎2015を基に作成

生時代中期〜平安時代に属する貝塚時代後期、と大別され、それぞれの時期は、前1〜5期、後1〜2期に細別し、それぞれの時期に特徴的な土器様式を設定している（表1）。

　これらの時期のうち、最も土器様式が奄美・沖縄諸島で異なるのは、貝塚時代後1期（≒弥生時代〜古墳時代）である。ここでは貝塚時代後1期に焦点を当てて、その違いとその背景について述べる。以下、奄美・沖縄諸島の土器編年については、筆者の編年観（新里1999；2000；2004；2008；2009；2012；2013；2015；新里ほか2014）によりたい。

Ⅲ．南九州の土器文化

　現在、南九州弥生土器は前期から後期まで、高橋式⇒入来Ⅰ式⇒入来Ⅱ式⇒山ノ口Ⅰ式⇒山ノ口Ⅱ式⇒高付式・松木薗式という数様式に区分されている（図2、中園1997）。九州の他の地域に比べて器種のうち、高坏形が発達しないという特徴があるものの、甕形・壺形形態の九州における型式変化の連動性から考えて、九州内の地域性をもつ土器様式群として理解できる。灌漑水田稲作を受容し、鉄器文化や大陸系石器も普及する弥生文化に属す。
　古墳時代は九州の他地域の土師器とは異なった成川式土器が展開し、弥生時代終末期から古墳時代にいたる。これは弥生時代からの伝統的中空脚台をもつ甕形と大型の壺形を伴うことが最大の特徴となっている。成川式土器様式群は、中津野式⇒東原式⇒辻堂原式⇒笹貫式という型式変化をし、その終末期は8世紀代にも及び、一部地域では9世紀にいたる可能性が指摘されている（図3、中村1986；2015）。なお、一部で空白地域や在地色豊かな墓制が展開するものの、大枠で古墳文化に属す。
　この南九州の弥生時代・古墳時代の土器様式を基準として考えると、大隅諸島（種子島・屋久島・三島）も弥生時代中期には概ねその文化圏に含まれる。しかしながら、弥生文化に特徴的な石器類（石包丁・柱状石斧・蛤刃石斧）、金属器（鉄製品・青銅製品）はほとんどないという特徴をもつ。弥生後期後半以降は、鳥ノ峯式土器という南九州系統ではあるが地域色の強い弥生土器が展開し、古墳時代以降は上能野式土器という肥厚口縁脚台系の独自の土器様式が展開、8世紀代までは確実に存在するようである。なお、大隅諸島に古墳は存在しないため、古墳文化には属さない。鳥ノ峯式・上能野式の最も大きな特徴は、ほぼ甕形のみに限定されることにある。鳥ノ峯式は南九州の弥生時代後期〜古墳時代初頭の壺形土器を持ち込んで器のセットとしているが、上能野式はその構造も失われてしまう。その要因については明らかでない（図4左列・大隅諸島）。

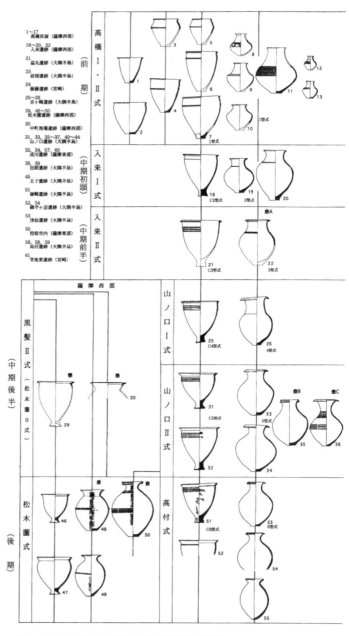

図2　南九州の弥生土器編年（中園1997を転載）

第1章　貝塚時代後1期の土器文化

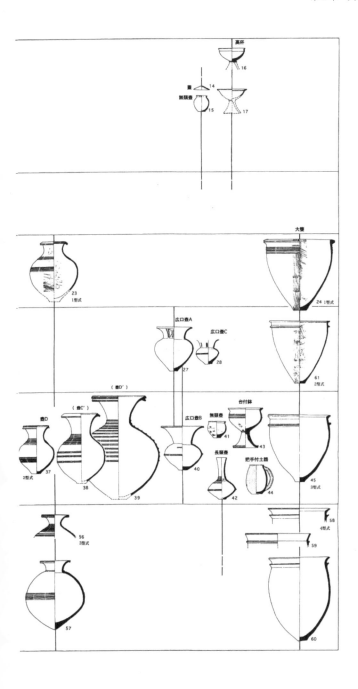

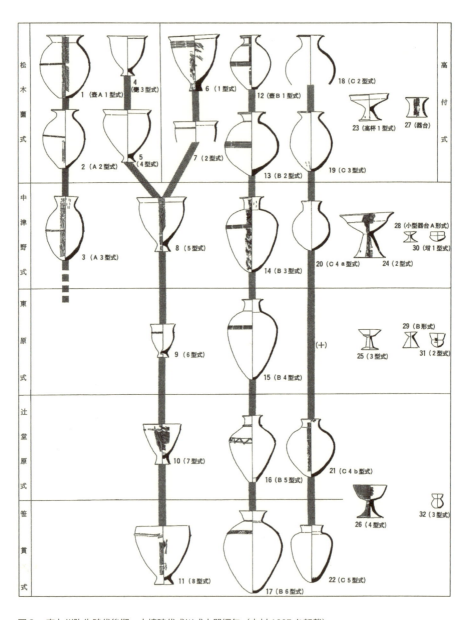

図3　南九州弥生時代後期〜古墳時代成川式土器編年（中村1987を転載）

第1章 貝塚時代後1期の土器文化

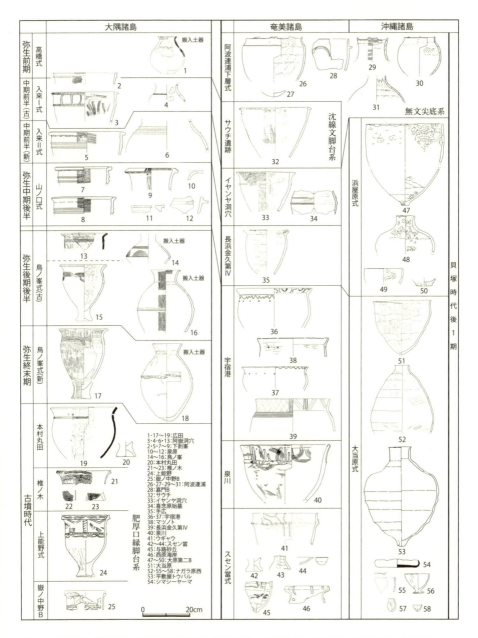

図4 大隅諸島〜沖縄諸島の貝塚時代後1期（弥生時代〜古墳時代）土器編年（新里2009を改編）

Ⅳ. 奄美諸島の貝塚時代後1期（弥生時代～古墳時代）の沈線文脚台系土器（図4中央列・奄美諸島）

　奄美諸島の編年は、南九州地域との型式学的並行関係で位置づけられている。弥生時代前期末～中期初頭になると、貝塚時代後期系の土器様式は弥生系土器様式に変化する。これを沈線文脚台系土器とも呼ぶ。現在、サウチ遺跡段階→イヤンヤ洞穴遺跡段階→長浜金久第Ⅳ遺跡段階→宇宿港遺跡段階に分けられる。

　型式学的に弥生時代前期末～中期前半に相当するのが、奄美市笠利町サウチ遺跡北地区5層において復元された主要土器群である。南九州の入来Ⅰ式に類似した刻目突帯文系統の甕形が主であり、壺形やその他の器種はよく分かっておらず、浅鉢形（皿形）は認められなくなる。口縁部に小さめの三角突帯を巡らすものや内面側にも張り出すもの、やや大きめで垂下するものなどを含む。口唇部には浅く細めの刻目を巡らすものや無文のものもある。胴部には三角突帯を巡らすものやその突帯上に浅い刻目を施すもの、突帯のないものなどがある。そのほかにも口縁部形態としては、口縁部内側に明瞭な稜を持たない如意形口縁がある（長浜金久第Ⅴ遺跡など）。口縁部上面に刺突文や沈線文をもつものも少なくない。口縁部には沈線文で格子目文や有軸羽状文、花柄文などで加飾するものや無文のものもある。壺形は肩の張る大型土器がサウチ遺跡で出土しているが、口縁部形状は不明である。器面調整はナデ・ヘラナデ・ミガキなどが認められる。

　次段階は、奄美市笠利町イヤンヤ洞穴第一層出土資料とサウチ遺跡北地区5層資料の一部が相当する。南九州入来Ⅱ式土器と同様に、甕形は口縁部肥厚が拡大、外部へ突出し、断面逆L字形状となる。口縁部が水平からやや垂下していくような型式変化を遂げるものと考えられる。しかしながら、南九州のように口唇端部を凹線によって窪ませるような特徴は稀で、丸みを帯びるものや尖らせるものがほとんどである。胴部には小さな突帯や数条の沈線文を巡らせるものもある。また、口縁上部や口縁部外面に、サウチ遺跡段階と同様の沈線文を主体とした文様や波状文、稀に蛭状突起を配置するものもある。貝塚後

期土器系統の外耳土器はこの段階まで確認されているが、弥生系土器に貼付されている。喜念原始墓資料中に在地製の多条突帯壺の胴部が認められる。器面調整はサウチ遺跡段階に準じている。

　弥生中期後半に位置づけられるものに奄美市笠利町長浜金久第IV遺跡において復元可能な土器群の一部が相当する。南九州山ノ口II式に類似した口縁部形態を示すものであり、甕形の口縁部は、くの字状に屈曲させその口縁部上面を押さえて凹部を形成するものや、くの字形状口縁が含まれる。胴部には三角突帯を一条から数条巡らすものや無文のものがある。口縁部上面や口縁部外面には沈線文を主体に刺突文などが施文されるものもある。セットになる他の器種については未だ良好な資料は確認されていない。甕形や壺形の搬入品もあるが、多くはない。

　弥生時代後期〜終末期になると、奄美市笠利町宇宿港遺跡のIV層出土土器の大部分と長浜金久第IV遺跡出土土器の一部がこれに相当する。甕形は、やや丸みを帯びた胴部からくの字口縁や緩やかに外反する口縁部、直状や丸みを帯びた胴部から口縁部がほぼ直立し長く伸びるものなどがあり、これらを一系統で説明することができないため、南九州弥生時代後期の高付式や終末期の中津野式に型式学的に類似するものとその範疇からやや逸脱するものの二系統の変化として捉えている。施文部位は口縁部屈曲部直下に上がり、その点、南九州高付式の特徴に類似しているが、文様は地域性を持ち、沈線文や刺突文を主体としている。波状文や鎖状文などの曲線文も多用されるのはこの段階からである。口縁部上面文様も口縁部の立ち上がりによって、口縁部内面文様として認識されるようになる。底部は小さめの脚台が出土している。鉢形のほか、袋状口縁になると思われる在地型の壺形土器もわずかに認められる。免田式長頸壺や中津野式土器壺形なども搬入されており、特に後者は比較的高い頻度で確認されている。宇検村屋鈍遺跡では、貝塚後期無文尖底系の乳房状尖底に近い在地産の小型脚台が出土しており、沖縄諸島との並行関係ならびに乳房状尖底の出現を探るうえで重要である。

　古墳時代に並行する在地土器には、スセン當式土器があり（上村・本田1984）、下限についてはよく分かっていない。甕形を主体とし、口縁部はやや外反する。口縁部外面に縦横位に三角形あるいは平坦な突帯を貼りつけた土器

で、底部は中空脚台となるものである。南島系のナデ肩の壺形や若干の皿形（浅鉢形？）を伴うことが分かっている。弥生時代終末期～古墳時代並行の土器は、概ね泉川遺跡→スセン當式土器→兼久式土器の一部、の序列になると考えられる。

V．トカラ列島の貝塚時代後1期（弥生時代～古墳時代）の沈線文脚台系土器

　これまでトカラ列島の弥生時代の様相は、宝島浜坂貝塚で出土した刻目突帯文土器～弥生時代中期初頭のわずかな遺物のほかはほとんど分かっていなかったが、近年の発掘調査により若干その様相が明らかになりつつある。トカラ列島中之島の地主神社敷地内（ミヤズラ・ミヤズワ遺跡）では、弥生時代中期後半と弥生時代後期後半の土器群が多量に出土した。弥生時代中期後半の土器は、奄美諸島系の沈線文脚台系（長浜金久第Ⅳ遺跡段階）、弥生時代後期後半の土器群は、大隅諸島系の鳥ノ峯式が展開することが明らかになってきた（新里 2017a；b）。奄美諸島の沈線文脚台系がトカラ列島へ北上分布し、その後、大隅諸島系がトカラ列島へ南下分布していることは、その動態と背景を含めて、今後の研究に大きな進展をもたらすものである。

Ⅵ．沖縄諸島の貝塚時代後1期（弥生時代～古墳時代）の無文尖底系土器（図4右列：沖縄諸島）

　貝塚時代後期は、土器形態の大きな違いで後1期（≒弥生時代～古墳時代）と後2期（≒奈良時代～平安時代）に区分される。貝塚時代前期土器（≒縄文時代）と異なり、土器が著しく無文化（文様が少なくなる）することが大きな特徴で、後1期には尖った底を持つ無文尖底系の深鉢形が、後2期には安定的なくびれ平底系の甕形が、主に沖縄諸島に展開する。
　沖縄諸島の貝塚時代後1期の土器は、貝塚時代前5期末から一貫して無文尖底系である。現在、阿波連浦下層式→浜屋原式→大当原式の3様式が確認されている。

阿波連浦下層式土器は、器種に深鉢形を主体として、壺形、鉢形、碗形、浅鉢形（皿形）などが認められる。深鉢形の球胴形の出現や、「く」の字屈曲・口唇部の角張ったリボン状突起の盛行は、この時期の特徴となる。主要な外器面調整は、ヘラナデ・指ナデなどであるがミガキも認められる。口縁部内面までは丁寧に指ナデ調整されることが多いが、内器面の調整のほとんどは粗い指頭圧痕などを残すことが多い。沖縄諸島では嘉門B貝塚において、南九州弥生時代中期前半の入来Ⅰ・Ⅱ式を主体として出土する様相から、弥生中期の初頭あるいは前半頃まで継続する可能性も指摘される。

　浜屋原式土器は、器種に深鉢形を主体として、壺形、鉢形が認められる。その他はよく分かっていない。深鉢形の外器面を平滑にし、内面を凹凸のまま残す器面調整法がこの段階の特徴となっている。現在のところ、久米島町大原第2貝塚B地点第Ⅴ層の弥生時代中期前半新段階〜後半に対応する九州北部系須玖Ⅱ式と南部九州入来Ⅱ式〜山ノ口Ⅱ式、奄美諸島系の弥生時代中期前半並行土器との共伴関係から、弥生時代中期前半新段階〜中期後半段階が並行関係にあると考えられる。

　大当原式土器は、器種に深鉢形を主体として、壺形、鉢形のほか、碗形、台付鉢形、少ないが皿形などもある。粘土帯接合部を突出させる特異な器面調整の盛行、ミニチュア土器、片口土器、甕形・壺形の大型品の出現が特徴となる。外器面調整は、指ナデ・ヘラナデが施されるが、粘土帯接合部を稜のよう突出させ、外器面が凹凸しているものが多い。これが大当原式の最大の特徴である。稀にヘラナデが施されるものもあるが、その場合でも、内外器面は指頭圧痕が明瞭に残る。ハケメ状調整がナデ消されずに残されるものも多い。

　現在のところ明確な供伴関係とは言いがたいが、伊江村具志原貝塚、うるま市平敷屋トウバル遺跡、北谷町小堀原遺跡において、九州系の弥生時代後期の免田式土器や、壺形、高坏形などが出土しており、また、奄美諸島の古墳時代並行期の土器であるスセン當式土器類似資料も出土する。ミニチュア土器が大当原式段階で目立つようになることは南九州地域の古墳時代後半期に増加する傾向と時期的にも調和しており、並行関係を探る糸口になる可能性がある。以上のことから、大当原式土器は弥生時代後期後半から古墳時代を通して存在している可能性が高く、器種・形態・文様バリエーションの多さも長期間におけ

る土器型式の変遷を表しているものと考えられるため、さらなる編年の細分が望まれている。

　以上をまとめると、琉球列島の土器様式構造は安定した主要器種が甕形（深鉢形）に限定されている点や、古墳時代並行期になっても食器組成や祭祀行為に須恵器・土師器を導入しない構造という点において、南九州と明確に区分される南島型土器様式である。形態・文様・器面調整などからみた琉球列島内の違いでは、まず、在地脚台甕を主体とする大隅諸島（同地域では弥生時代後期から）・奄美諸島と、無文尖底系甕を主体とする沖縄諸島に二分される。施文部位、突帯などの文様、器面調整（ハケメ）等の要素は、南九州弥生土器・成川式土器に類似度が強い大隅諸島と、口縁部形態などは南九州弥生土器に類似しながらも、甕形土器の外面の口縁部周辺を独自の突帯や沈線文などで飾り、ハケメ調整を行わない奄美諸島、奄美諸島と文様要素の一部が類似した沖縄諸島という様式構造になる。

Ⅶ. 琉球列島における外来土器の搬入状況（図5・6）

　ここで、琉球列島内における外来土器の搬入状況について検討する。
　琉球列島外からもたらされる土器には、九州系の弥生土器と南九州系の成川式土器があり、琉球列島内においては、奄美諸島の沈線文脚台系土器が沖縄諸島にもたらされる。つまり、外来土器は北から南へもたらされる傾向にある。琉球列島を大隅諸島、トカラ・奄美諸島、沖縄諸島と区分し、それぞれの地域への九州系弥生土器、南九州系成川式土器の搬入量を比較すると、沖縄諸島への搬入量が最も多い（図5）。つづく古墳時代の成川式土器は、琉球列島にほとんど搬入されない。
　島嶼群ごとに九州系弥生土器・南九州成川式土器の出土傾向を確認すると、大隅諸島には壺形が主体に持ち込まれる傾向にあり、弥生時代後期～古墳時代初頭の壺が最も多い。奄美諸島には弥生時代前期末～中期前半まで甕形・壺形ともに搬入されるが、弥生時代後期以降は壺形が多くなる。沖縄諸島への搬入状況をみると、弥生時代前期末～中期前半に甕形・壺形が最も多量にもたらされていることが分かり、弥生時代中期後半以降になると外来土器の搬入そのも

第1章　貝塚時代後1期の土器文化

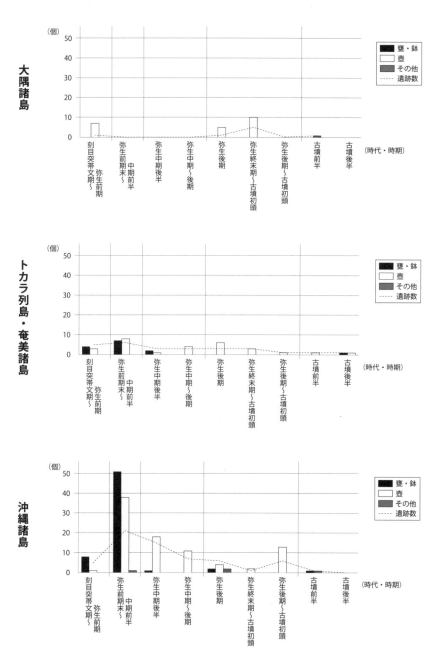

図5　琉球列島における九州系弥生土器・南九州系成川式土器搬入状況

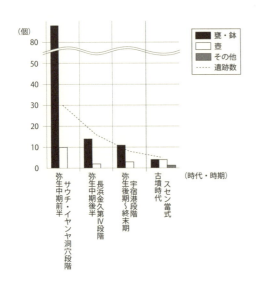

図6 沖縄諸島における奄美沈線文脚台系搬入状況

のが低迷するが、壺形が目立つようになるといえる。

これに対して、奄美諸島の沈線文脚台系（弥生系・スセン當式土器）の沖縄諸島への搬入傾向をみると（図6）、弥生時代中期前半（サウチ・イヤンヤ洞穴段階）が最もピークとなって、時期を追うごとに減少する傾向にあるが、九州系弥生土器の搬入傾向と異なり、甕形主体に持ち込まれている点に注意する必要がある。つまり、弥生時代中期前半までは南九州系弥生土器の甕形・壺形と奄美系の甕形が主体的にもたらされており、弥生時代中期後半（長浜金久第Ⅳ段階）には、奄美系甕形がわずかに認められ、壺形は南九州系が目立つようになる。弥生時代後期～終末期（宇宿港段階）には、南九州系土器の沖縄・奄美への搬入土器量が激減するが、琉球列島全域に壺形が主体となってもたらされるようになり、沖縄諸島では奄美系甕形が目立つようになる。なお、この時期に琉球列島の土器が九州以北に搬入されることは極めてまれで、南九州にわずかに認められるだけでしかない。これらを集団の動きの反映と捉えた場合、弥生時代前期末～中期前半まで南九州と奄美の集団が沖縄を目指して移動しており、弥生時代中期後半になると移動は減少し始め、弥生後期以降は全体的な移動は低調となるも、奄美集団の動きが目立ち始めることになる。また、遺跡における搬入土器出土量からみると、沖縄諸島内でも特定地域に多数出土するという傾向性も導かれ、交易拠点の存在として想定されており、現在、安座間充によってより詳細な地域性が確認されている（安座間 2014）。

先述したように、琉球列島の貝塚時代後1期の土器様式は、地理的に九州地域に近い大隅諸島・奄美諸島のほうが要素的に弥生土器化しているとみなすこ

とができる。しかしながら、図5、6でみてきたように、九州系弥生土器や奄美沈線文脚台系の搬入量は、弥生土器に最も似ていない土器様式をもつ沖縄諸島へと主体的にもたらされている。つまり、貝塚時代後1期における土器様式の変化は、異系統土器である弥生土器と接触したからといって、その度合いで行われるものではないことを注意する必要がある。では、土器以外の外来品についてはどうだろうか。

Ⅷ. 琉球列島における弥生土器・古墳時代土器以外の外来品搬入状況

　琉球列島には、土器以外にも多くの外来系遺物がもたらされており、鉄器類（袋状・板状鉄斧、ヤリガンナ、釣針、不明品）、青銅器類（明刀銭、三稜鏃、両翼鏃、銅剣茎、方格規矩鏡片、五銖銭）、石器類（ノミ状石斧、砥石）、玉類（ガラス玉、管玉）、鉄鉱石などがある。ほかにも遺跡から出土することは無いものの、米、布、絹、雑穀類、酒などが交易物の種類として想定されてきた。
　土器以外の「外来品」は圧倒的に沖縄諸島への搬入が多く、さらに島内の特定遺跡に偏りが認められ、普遍的にもたらされるものではないことが分かる（図7）。
　これを交易の対価物のひとつとして捉えれば、外来品の遺跡ごとの出土の偏りは、交易品のもたらされ方が集落ごとに偏りを持っていたことをあらわしており、多種多量にもたらされた集落が、各地域ブロックの、より交流頻度の高い交易拠点として機能していた可能性を指摘できる。
　これらの交易品は、主に弥生時代から古墳時代の九州地域からもたらされていると考えられてきた。北部九州においては首長層の所持品・副葬品としてはランクの高いものではないとされるが（中園2004）、これらの外来品の一部は、北部九州地域で王墓にも副葬されるようなヤリガンナや、破鏡にしてまで日本列島で流通する後漢鏡が出土していることは、この交易が遠隔地間の重要な結びつきであった可能性を示している。また、これらの製品が九州北部と沖縄諸島間の中継地域と考えられている薩摩半島沿岸部や、大隅諸島や奄美諸島でもほとんど確認されていないことから、主要交易地である沖縄諸島への交易品であったことは明確である。沖縄諸島の人びとにとって、鋭利で耐久性に優れた

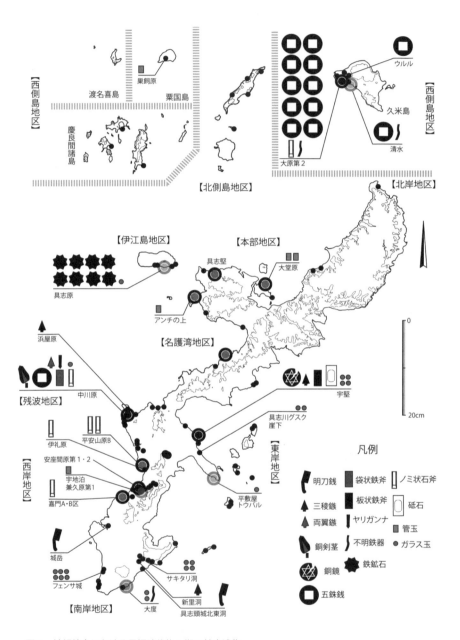

図7 沖縄諸島における貝塚時代後1期の外来遺物

第 1 章　貝塚時代後 1 期の土器文化

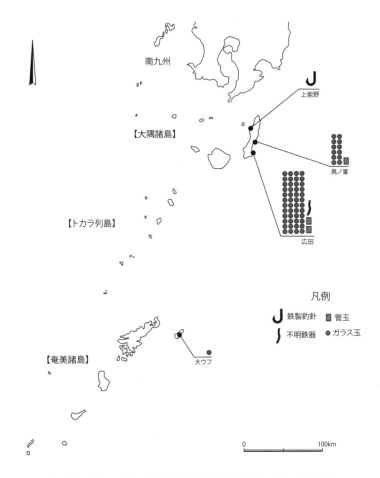

図 8　大隅諸島・トカラ列島・奄美諸島における貝塚時代後 1 期の外来遺物

鉄製利器類はもっとも需要があったことは想像に難くない。また、紡錘車の出土がほとんどないことからすれば、琉球列島において撚りをかけた糸を生産していた可能性は低く、織物が未発達であった可能性がある。織布が交易品となっていた可能性も高いだろう。

　近年、宮本一夫によって、沖縄諸島出土の外来品についての新しい問題提起がなされた。沖縄諸島において、これまで交易品として考えられてきた青銅製

の三稜鏃があるが、沖縄諸島の3カ所、3点が確認されている。これに明刀銭（2遺跡・2点）と滑石混入系土器（いわゆる「楽浪系土器」3遺跡・数個体分）の遺物を加え、その中国での主要分布地（清川江以北）と所属年代（前3世紀後半～前2世紀初頭）の検討、沖縄諸島に限定された出土状況、そして両地域の文化的脈絡から、中国との直接的な交易はあり得ず、遼東からの漂着船のような偶発的な文化流入であった可能性を指摘した（宮本2014、注1）。また、この三稜鏃に関しては、その形状から台湾との関係性を示唆するものもある（仲座・羽方2011）。

　いずれにせよ、弥生時代並行期には、これらの外来品が沖縄諸島に集中してもたらされていたことは間違いない。

　弥生時代後期後半～古墳時代における琉球列島への外来品については種類が激減し、釣針を主とした鉄製品と、ガラス玉、管玉など限定されたものが特定遺跡に集中的に出土する傾向がある。現在のところ、最もまとまった数で把握されるのが大隅諸島の種子島であり、その大半は古墳時代に属する。つまり、この段階には外来品の多様性はないものの、琉球列島で最も外来品を入手できた地域が、種子島を中心とする大隅諸島に移った可能性が高い（図8）。

Ⅸ．貝塚時代後1期の土器様式構造の変化と外来品のもたらされる背景

　上記の外来土器とその他外来品が琉球列島にもたらされる背景にあるのは、北部・西北部九州を主要な消費地とする弥生時代～古墳時代の「南海産貝交易（貝の道）」であろう。この時期には琉球列島のサンゴ礁地域の重厚な南海産大型貝（ゴホウラ・イモガイ・オオツタノハなど）を材料とした貝製腕輪が、九州地域を主な消費地として南海産貝交易が活発化していたことが分かっている（木下1996）。甕棺被葬者からみた使用状況は、1体につき数点～数十点の貝輪を装着することもあるため、同地域における消費動向の一端を窺うことができ、実に多くの南海産大型貝が琉球列島からもたらされたことが分かる。木下尚子による研究によれば、九州・本州における弥生時代の南海産大型貝の消費動向は、弥生時代中期中頃～後期前半にゴホウラ・イモガイの貝種消費をピークとし、弥生時代終末期～古墳時代前期に消費はかなり落ち込み、古墳時

第1章 貝塚時代後1期の土器文化

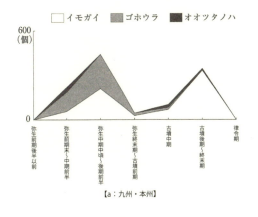

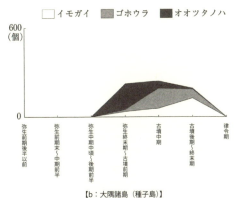

図9 弥生時代～古墳時代における南海産貝消費動向（木下2004を一部改編して転載）

代後期～終末期においてイモガイを主要貝種としてピークとなる。いっぽうで、種子島における南海産大型貝の消費は、弥生時代終末期～古墳時代前期にオオツタノハ、古墳時代中期にはゴホウラ、古墳時代後期～終末期にはイモガイを主要消費貝種としてピークを維持していくという、九州・本土地域において消費動向が落ち込む時期に、種子島の南海産大型貝類の大量消費が始まっていることを示している（図9、木下2004）。九州地域においては、再び古墳時代になって貝交易が開始され、古墳時代中期には最盛期を迎え、古墳時代後期には貝輪ではなく、馬具の飾金具として使用される（木下1996；中村2007）。

　貝塚時代後1期の沖縄諸島では、交易品であるゴホウラ・イモガイを集めて埋めたらしい「貝集積遺構」と呼ばれるストックが残されていることがある（図10）。その数は102基にも及んでいるが（島袋2004）、その他の琉球列島地域では確認されていないため、南海産大型貝の主要供給地が沖縄諸島であることは疑いない。そのほかにも沖縄諸島各地の遺跡からは、製作途上の製品やその破損品、小破片などがかなりの数で出土する。このように、主要な消費地である九州北部と、主要供給地である沖縄諸島を対置すれば、「採取－集積－製作（沖縄諸島）－流通（琉球列島～南九州）－消費（九州北部・西北部）」の一連

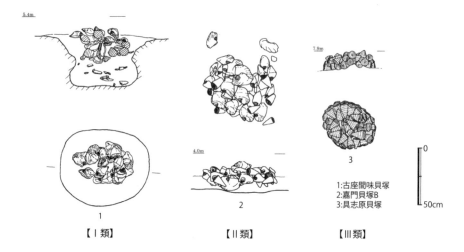

図10 沖縄諸島の貝集積遺構（岸本・島1985を転載）

の流れが概ね理解される。

　これは上記にみたように、琉球列島へもたらされる搬入土器、外来品（交易品）の状況と年代的にほぼ同期しており、特に外来土器の動きは、南海産大型貝輪の主要消費地ではない仲介者集団としての南九州、大隅諸島、奄美諸島の動きを端的にあらわしていると考えられる。また、弥生時代前期末～中期前半に奄美沈線文脚台系が弥生化する現象は、貝交易が最盛期に向かう前段階と、琉球列島への外来系搬入土器のピークに連動しており、また、奄美土器が弥生時代後期以降に南九州との型式学的差異を深めていくのも、九州・本土への貝交易が一時衰退する段階と、弥生時代後期以降の搬入土器が低調になる状況と軌を一にしている。古墳時代になると、大隅諸島が南海産貝の最大消費地となり、外来品も比較的多くもたらされていることは、同地域が貝交易の核となり、南北の文化を結びつける役割を担った可能性が高い。いっぽうで、イモガイ・ゴホウラの主要な供給地であり、外来系土器が最ももたらされている沖縄諸島では、一貫して無文尖底系土器様式であり、南九州系弥生土器・成川式土器に同調しないという特徴をもつ。

　このように考えていくと、貝塚時代後1期の弥生時代並行期の琉球列島の土

器相は、石器や金属器など大陸系遺物がほとんど伴わないにも関わらず弥生土器様式圏である大隅諸島、貝交易の仲介者集団であり形態属性として弥生土器化するトカラ・奄美諸島、南海産大型貝の主要供給地として、情報はもたらされながら弥生土器に同調しない沖縄諸島、というように、貝交易における各島嶼部集団の対応姿勢のあらわれが異系統土器間に反映されているものと評価できるのである。その構造は古墳時代並行期になってもほとんど変わることはなかった。

X．おわりに

　南海産貝交易期である貝塚時代後1期は、生業的に貝塚時代前5期と大きく変わるものではなく（黒住 2014；高宮・千田 2014；樋泉 2014）、九州・本土のように縄文時代から弥生時代の変化のような、あるいは琉球列島の貝塚時代後2期からグスク時代へ移行するような、農耕化や階層化といった生業・社会の大きな画期などは確認することができない。しかしながら、貝交易期である貝塚時代後1期の弥生時代に並行する時代には、貝輪製作にかかわる素材の獲得、管理、製作が生業化してしまうほどに特化し、それまで琉球列島の文化を代表するような多様かつ独特の貝製品を製作していた前4・5期の貝文化が衰退するほどに（山野 2014）文化を変化させたことは確かである。そして、沖縄諸島では海浜部での交易に対応するかのように砂丘地へ遺跡立地も変化し、外来品を多く得ることのできる核となる地域が一定領域にみられるようになるなど、表層的現象で終始したのではなく、琉球列島の文化・社会への影響は決して小さくはなかったと考えられる。

　弥生時代、南海産大型貝のうち、ゴホウラ・イモガイの主要な供給地は沖縄諸島であり、これは無文尖底系土器群の分布範囲に合致する。また、オオツタノハの主要な供給地と考えられる種子島近海やトカラ列島、奄美諸島は、肥厚口縁脚台系・沈線文脚台系土器群の分布範囲と概ね合致している。古墳時代における南海産貝交易の核（最大消費地・対日本列島の窓口）としての大隅諸島、オオツタノハ供給地であり、交易の仲介者集団としての奄美諸島、ゴホウラ・イモガイ供給地としての沖縄諸島というように、貝交易と在地土器様式が無関

係であるとは考えにくく、貝交易に関わる島嶼地域の、最もローカルな領域が土器様式圏として表象されており、各島嶼部の交易集団の往来のなかで、土器が搬入され、そして土器情報も伝達され形づくられてきたものである、と考えることができよう。

注
（1）これが確かであれば、貝交易が最盛期に向かう前段階に、偶発的な文物の流入があったことも示していることになる。これに併せると、五銖銭の沖縄諸島への集中的な出土もその可能性を今後考えていく必要もあろう。

参考文献 ※遺跡調査報告書については膨大なため割愛させていただいた。ご寛恕請う。

安座間充 2014「貝塚時代後1期・沖縄諸島の土器動態」『琉球先史・原史時代における環境と文化の変遷に関する実証的研究 研究論文集 第1集 琉球列島の土器・石器・貝製品・骨製品文化』新里貴之・高宮広土（編）pp. 157-172 六一書房：東京

伊藤慎二 2000『琉球縄文文化の基礎的研究』ミュゼ：東京

伊藤慎二 2011「先史琉球社会の段階的発展とその要因：貝塚時代前Ⅰ期仮説」『先史・原史時代の琉球列島：ヒトと景観』高宮広土・伊藤慎二（編）pp. 43-60 六一書房：東京

上村俊雄・本田道輝 1984「沖永良部島スセン當貝塚発掘調査概要」『南西諸島の先史時代に於ける考古学的基礎研究科学研究費補助金（総合研究A）研究成果報告書』上村俊雄・本田道輝（編）pp.12-22 鹿児島大学法文学部考古学研究室：鹿児島市

岸本義彦・島弘 1985「沖縄における貝の集積遺構」『沖縄県教育庁文化課紀要』2：49-68

木下尚子 1996『南島貝文化の研究：貝の道の考古学』法政大学出版局：東京

木下尚子 2004「南島と大和の貝交易」『考古資料大観12 貝塚後期文化』高宮廣衞・知念勇（編）pp.250-254 小学館：東京

黒住耐二 2014「貝類遺体からみた沖縄諸島の環境変化と文化変化」『琉球先史・原史時代における環境と文化の変遷に関する実証的研究 研究論文集 第2集 琉球先史・原史時代における環境と文化の変遷』高宮広土・新里貴之（編）pp.55-

70 六一書房：東京

島袋春美 2004「遺跡別に見る奄美・沖縄諸島の貝製品」高宮廣衞・知念勇（編）『考古資料大観 12 貝塚後期文化』pp. 231-241 小学館：東京

新里貴之 1999「南西諸島における弥生並行期の土器」『人類史研究』11：75-106

新里貴之 2000「スセン當式土器」『琉球・東アジアの人と文化上』高宮廣衞先生古稀記念論集刊行会（編）pp.153-173 高宮広衛先生古希記念論集刊行会：浦添市

新里貴之 2004「沖縄諸島の土器」『考古資料大観 12 貝塚後期文化』高宮廣衞・知念勇（編）pp.203-212 小学館：東京

新里貴之 2008「琉球縄文土器後期」『総覧縄文土器』小林達雄（編）pp.822-829 アム・プロモーション：東京

新里貴之 2009「貝塚後期文化と弥生文化」『弥生時代の考古学 1 弥生文化の輪郭』設楽博己・藤尾慎一郎・松木武彦（編）pp.148-164 同成社：東京

新里貴之 2012「貝塚時代後期文化と古墳文化」『古墳時代の考古学 1 内外の交流と時代の潮流』一瀬和夫・福永伸哉・北条芳隆（編）pp.148-164 同成社：東京

新里貴之 2013「ナガラ原東貝塚出土のスセン當式類似土器について」『ナガラ原東貝塚の研究』木下尚子（編）pp.248-258 熊本大学文学部：熊本市

新里貴之 2015「南西諸島の土器と成川式土器」『成川式土器ってなんだ？』橋本達也（編）pp. 31-38 鹿児島大学総合研究博物館：鹿児島市

新里貴之 2017a「トカラ列島の弥生時代と平安時代：中之島地主神社敷地内発掘調査成果から」『日本考古学協会第 83 回総会研究発表要旨』：178-179

新里貴之 2017b「トカラ中之島地主神社敷地内の発掘調査速報」『南島考古だより』106：2-3

新里貴之・伊藤慎二・宮城弘樹・新里亮人 2014「琉球先史・原史文化の考古学的画期」『琉球先史・原史時代における環境と文化の変遷に関する実証的研究 研究論文集第 1 集 琉球列島の土器・石器・貝製品・骨製品文化』新里貴之・高宮広土（編）pp.305-311 六一書房：東京

高宮広土・千田寛之 2014「琉球列島先史・原史時代における植物食利用：奄美・沖縄諸島を中心に」『琉球先史・原史時代における環境と文化の変遷に関する実証的研究 研究論文集 第 2 集 琉球先史・原史時代における環境と文化の変遷』高宮広土・新里貴之（編）pp.127-142 六一書房：東京

樋泉岳二 2014「脊椎動物遺体からみた沖縄諸島の環境変化と文化変化」『琉球先史・原史時代における環境と文化の変遷に関する実証的研究　研究論文集　第2集　琉球先史・原史時代における環境と文化の変遷』高宮広土・新里貴之（編）pp.71-86 六一書房：東京

中園聡 1997「九州南部地域弥生土器編年」『人類史研究』9：104-119

中園聡 2004『九州弥生文化の特質』九州大学出版会：福岡市

中村友昭 2007「古墳時代の文化交流」『考古学ジャーナル』564：21-25

中村直子 1986「成川式土器再考」『鹿大考古』6：57-76

中村直子 2015「成川式土器の時代」『成川式土器ってなんだ？』橋本達也（編）pp.25-30 鹿児島大学総合研究博物館：鹿児島市

仲座久宣・羽方誠 2011「八重瀬町新里洞穴遺跡で採集された銅鏃」『沖縄県立博物館・美術館紀要』4：7-10

宮本一夫 2014「沖縄出土滑石混入系土器からみた東シナ海の対外交流」『史淵』151：63-84

山崎真治 2015「沖縄先史文化起源論をめぐる近年の動向と課題」『南島考古』34：5-18

山野ケン陽次郎 2014「先史琉球列島における貝製品の変化と画期：貝製装飾品を中心に」『琉球先史・原史時代における環境と文化の変遷に関する実証的研究 研究論文集　第1集 琉球列島の土器・石器・貝製品・骨製品文化』新里貴之・高宮広土（編）pp.277-291 六一書房：東京

コラム1

沖縄の旧石器人とその文化

山崎真治（沖縄県立博物館・美術館）

　隆起サンゴ礁からなる石灰岩に広く覆われた沖縄では、石灰岩中のアルカリ分の作用で骨や貝といった有機質遺物がよく保存されており、特に国内では発見例の稀な旧石器人骨が多く発見されることでも知られている。沖縄県八重瀬町港川遺跡から発見された約2万年前の港川人は、四体分の全身骨格からなり、日本の旧石器人の代表例となっている。また那覇市山下町第一洞穴遺跡から発見された約3万6000年前の子供の脚の骨は、日本最古の人骨化石として知られている。最近では、石垣市白保竿根田原洞穴遺跡から1000点を超える旧石器人骨が発見され、報道などでも大きく取り上げられた。

　このように、多くの旧石器人骨が発見されている沖縄であるが、不思議なことに当時の人々の生活場所や使用していた石器などの道具は、これまでほとんど確認されていなかった。こうした謎を解明する手がかりの発見を目指して、沖縄県立博物館・美術館では2009年から、南城市サキタリ洞遺跡の発掘調査を継続的に実施している。

　サキタリ洞遺跡では、これまでの調査によって約9000年前の土器（押引文土器）、約1万4000年前の人骨と石器、約2万年前の人骨と貝器、約3万年前の人骨など新たな発見が相次ぎ、大きな成果が得られている。特に、約2万3000年前の巻貝製釣針を含む旧石器時代の貝器類は、他

図1　サキタリ洞遺跡出土の巻貝製釣針（約2万3000年前）沖縄県立博物館・美術館提供

に例を見ない沖縄旧石器人の個性的な文化を物語る重要な発見となった（図1、2）。同じ地層中からはモクズガニやカワニナの遺存体が大量に出土しており、ウナギや海水魚の骨も見つかった。モクズガニは秋に産卵のために川を下る習性があり、サキタリ洞の旧石器人はそうした生態を熟知して、秋に洞穴の下の川に集まるカニを捕まえていたようだ。

　ゾウやシカなどの中大型動物を狩猟する、勇壮な狩人といった教科書的な旧石器人のイメージとは異なり、沖縄の旧石器人は、シンプルな技術で河川や海の資源を効率的に利用する術を身につけていた。奄美ではまだ旧石器人骨は発見されていないが、奄美市喜子川(きしかわ)遺跡や伊仙町ガラ竿(ぞー)遺跡などで旧石器時代の石器が発見されている。徳之島や沖永良部島には石灰岩洞穴も多く分布しており、いつの日か奄美の旧石器人の姿や暮らしぶりが明らかになる日がやってくるかも知れないと、期待している。

図2　サキタリ洞遺跡出土の貝器（約2万3000～2万年前）。
　　　左上40mm（沖縄県立博物館・美術館提供）

第2章
遺跡出土食器類から考える
グスク時代の琉球列島社会

新里亮人(伊仙町教育委員会)

Ⅰ．琉球列島史の大きな特徴

　琉球列島には少なくとも5000年以上に及ぶ狩猟採集の時代（縄文時代〜平安時代並行期、約7000〜1000年前）があった。時代の呼び名は各地でさまざまで、奄美・沖縄地域では「貝塚時代」、先島諸島では「先史時代」と呼ばれることが多い。集落や墓の研究からは、長く続いた貝塚時代の間に、社会の複雑化（定住、労働投下、労働分担）が緩やかに進行してきたことが明らかにされている（高宮・新里2013）。

　それに続くグスク時代は、農耕と牧畜、窯業と鉄生産に支えられた生産経済の段階（平安時代末〜南北朝時代並行期、約1000〜600年前）にあったとされる（安里1990）。その前半（11世紀中頃〜13世紀中頃）には農業生産、陶器生産、鉄生産、商品流通が本格化し、後半（13世紀後半

図1　グスク時代の主な遺跡の位置

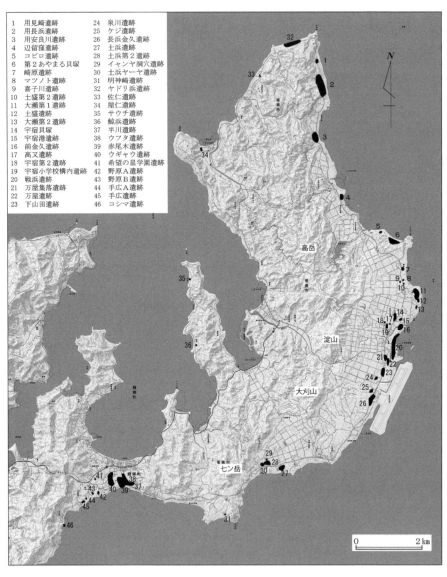

図2　奄美大島笠利半島における貝塚時代遺跡の分布

〜14世紀代)には城塞(グスク)の構築が盛んになって、14世紀後半には沖縄本島の三山(北山、中山、南山)と中国明王朝との朝貢貿易が始まる。琉球国の前提と

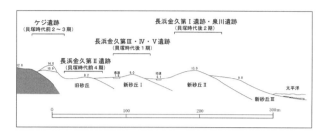

図3　長浜金久遺跡の立地状況

なるより複雑な社会(社会の分業化、階層化、組織化など)が形作られた大きな画期となるのがグスク時代であった。

　長期的で継続性の高い狩猟採集の時代と農耕の普及から一気に王国成立へと駆け抜けるスピードの速さ、この両者のアンバランスさが琉球列島史の大きな特徴だといえそうだ。以下では、この特異な歴史経緯を踏まえながら、各諸島域が果たした歴史的・地域的役割について、主に食器類の研究成果に注目しながら紹介し、グスク時代社会の一端について考えてみたい。具体的な内容はというと、遺跡から最も多く出土するさまざまな焼き物が産地で作られ、そこから運ばれてくる当時の物流の中で、各地域がどのような貢献をしていたのか、また焼き物の素材や形がもつ文化的・社会的意味が何を表わすのかについて私なりの考えを述べていくものである。

Ⅱ．遺跡の立地からみた琉球列島人の暮らしぶり

　本題に入る前に、遺跡の発掘から明らかとなった琉球列島人の暮らしぶりを確認してみたい。

　動物考古学や地理学の研究者は、奄美・沖縄地域の貝塚時代文化は海岸砂丘とサンゴ礁環境の成立と深い関係にあったと考えているようだ(管 2014；黒住 2014；樋泉 2014)。貝塚時代(7000〜1000年前)遺跡のほとんどが海浜と近い海岸砂丘地に位置することは、これを如実に物語っている(図2)。貝塚時代前期(約7000〜2500年前、縄文時代前期〜弥生時代前期並行期)、サンゴ礁域は主に食糧獲得の場として利用されたが、貝塚時代後期(約2500〜

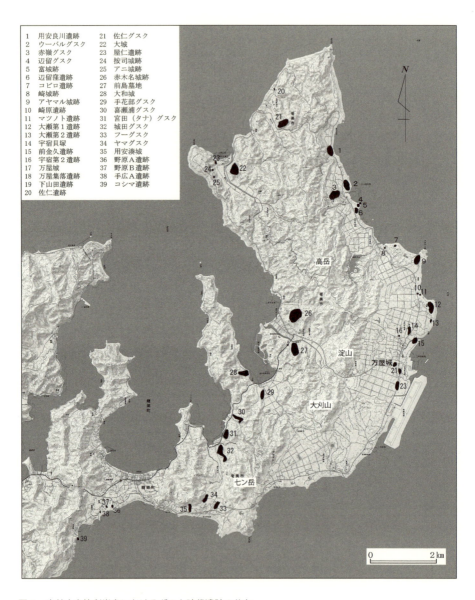

図4　奄美大島笠利半島におけるグスク時代遺跡の分布

1000年前、弥生時代中期～平安時代後半並行期）には、食糧のみならず、交易品の素材を調達する場としても重要であった。貝塚時代前期と後期の境は、弥生時代の九州島と琉球列島間で展開した『南海産貝交易』（木下 1996）の成立期とおおむね対応する。貝塚時代の奄美・沖縄地域では砂丘やサンゴ礁環境が成立する約3500年前頃（貝塚時代前4期）から遺跡が海浜へと近づいていく様子がうかがえ（図3）、サンゴ礁資源の重要度は時代とともに増していったようだ。

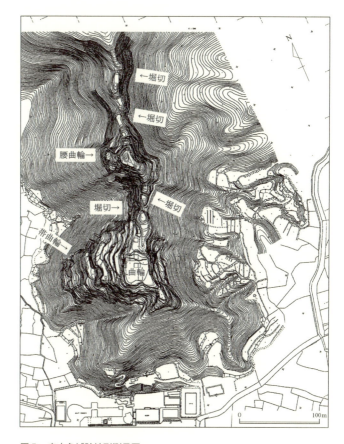

図5 赤木名城跡地形測量図

琉球列島の人々は長い歳月をかけてサンゴ礁を積極的かつ有効に活用する手立てを身に付けていったが、奄美諸島では、平安時代の後半にあたる1200年前頃に九州島からの人の往来がとりわけ盛んになる。喜界島や奄美大島の遺跡で須恵器、土師器、越州窯系青磁など奈良・平安時代の特定層が使用した食器類が出土することから、律令期の国家的事業に携わった人々の断続的な行き来を予想する意見もある（中島 2008）。平安時代の書物には琉球列島で生息する

ヤコウガイがたびたび登場し（山里 1999）、これと対応するように奄美諸島ではヤコウガイが大量に出土する遺跡が出現する（高梨 2005）。サンゴ礁域の特産品が積極的に交易される中で奄美諸島は九州島と強く結び付いていったのであろう。

サンゴ礁に大きく頼る暮らしはグスク時代（約1000年前）を境に一変した。遺跡の多くは中・高位段丘の縁辺や山頂部に立地するようになり（図4）、大規模な集落や堀切、土塁、

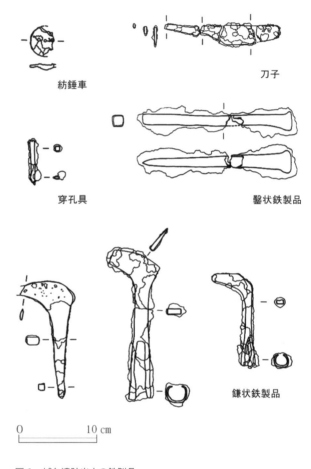

図6　城久遺跡出土の鉄製品

石積みを設けた城郭が出現する（図5）。遺跡からは鉄製品はもちろんのこと砂鉄を集めた痕跡や鉄を溶かした炉跡も増えて、鉄器が人々の生活に定着した（図6）。また、集落の付近では水田や畑が営まれ（図7）、農耕の痕跡も明瞭となって、遺跡からは炭化した穀類（イネ、オオムギ、コムギ、アワ、キビ）が高い確率で見つかるようになる（図8）。ウシやウマも出土するので、農耕用の家畜も飼育されていたようだ。

第2章　遺跡出土食器類から考えるグスク時代の琉球列島社会

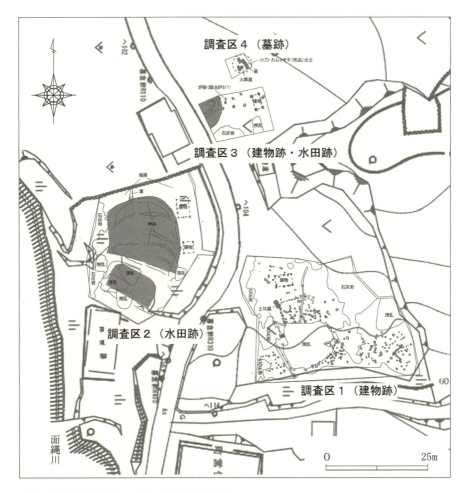

図7　集落付近に営まれる水田（伊仙町前当り遺跡）

　このような食生活の変化にともない、食事に用いる道具の様子も大きく変わった。貝塚時代の人々は主に地元で製作した土器を使用していたが、グスク時代以降、土器の形が大きく変わり（図9）、東アジア各地で大量に生産された食器類が広く普及した。こうした品々は、生活用品を各地から取り寄せる本格的な商品流通の時代が訪れたれっきとした証拠となる。

Ⅲ. 食器類研究の重要性

　ここでいうところの食器類とは、食事を提供する碗、皿（供膳具・調理具）、食料の貯蔵を目的とする壺や甕（貯蔵具）、煮炊き用の鍋・甕、調理用の捏ね鉢（調理具）などを指す。材質には土製、石製、陶製、磁器製があり、その産地は各島々（土器）、徳之島（陶器：通称カムィヤキ）、九州島（滑石製石鍋）、中国・朝鮮半島（陶磁器類）など広範囲におよぶ（図10）。

　食器という道具は形や材質によって用途を違えるという機能上の特徴があるが、遺跡から最も多く出土する食器類を研究し、それらが作られ（生産）・運ばれ（流通）・使われる（消費）という一連の過程を明らかにすることは、当時の琉球列島と周辺地域の交流や物流を明らかにしていく上でおおいに役立つ。その一方、食器類がどのような遺跡から出土するかを丹念に洗い出す作業によって、これらを使用した者の社会的位置を推定し、社会の階層化がどのように進行していたかを推定することがで

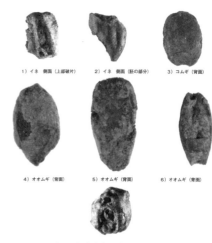

図8　山田中西遺跡出土の穀類

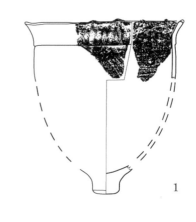

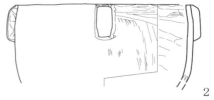

1. 我謝遺跡
2. 後兼久原遺跡

図9　土器の形の違い
　　　（貝塚時代後2期：上、グスク時代：下）

きる。つまり過去の経済や社会・文化を知る上で、食器類は歴史資料としてとても重要なのである。

Ⅳ. グスク時代研究の今日的課題

　グスク時代から琉球国成立へと至る社会のあり方を知るために、多くの研究者は遺跡から出土する食器類の年代順序や構成を決める綿密な編年作業（時代を示すモノサシの確定）を進め、これを基に集落や城跡の移り変わりを明らかにしてきた（安里 1990；1991；1998）。しかし、その研究対象は王国の本拠地があった沖縄諸島が主で、北の奄美諸島と南の先島諸島を含めながら琉球列島全体をまとめる取り組みは意外にも少ない。奄美・先島諸島では発掘調査件数の少なさから本格的研究の開始が沖縄本島よりも遅かったことによるが、このことは同時にグスク時代琉球列島の歴史像が、主に沖縄本島側から発信されてきた情報によって描かれたものだということを意味している。

　近年、奄美・先島地域での発掘調査や研究が進み、各諸島における社会のあり方が実に個性的であったことが明らかになりつつある。こうした成果から琉球国は、沖縄本島で個別的・独立的に誕生したのでなく、周辺の島々とのさ

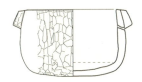

九州産滑石製石鍋

石鍋模倣土器

徳之島産カムィヤキ

中国産陶磁器

1．海ノ中道遺跡　2．熱田貝塚
3．徳之島カムィヤキ陶器窯跡
4．大ウフ遺跡　5．銘苅原遺跡

図10　ここで言及する主な食器類

まざまな関わり合いの中で築き上げられた可能性を考えなければならなくなってきた（池田 2009）。このようにみると、琉球国成立の背景を知るに当たって沖縄諸島の南北縁に位置する奄美・先島諸島はもっと注目されるべき存在なのであろう。

それではまず、奄美・先島両地域にも焦点を当てながら近年の食器類研究を紹介し、グスク時代の経済について考えてみたい。

Ⅴ．食器類からみた琉球列島の経済状況

1．徳之島における窯業生産の特徴

徳之島で生産されたカムィヤキは、琉球列島を中心に北は南九州、西北九州の遺跡からも発見されており、距離にして1000km以上の範囲に運ばれたことが明らかになっている（池田 2003；2005；新里 2003b）。焚口が窄まる特殊な窯の形状は、朝鮮半島の陶器窯跡と類似し、製作技法の検討からは、高麗王朝期に生産された無釉陶器と関連が深いとされる（赤司 1998；2008；大庭 2010）。喜界島や徳之島の遺跡からは朝鮮半島産無釉陶器や初期高麗青磁が出土するので（新里編 2010；具志堅編 2010）、朝鮮半島からの窯業技術とと

図11　カムィヤキA群

図12　カムィヤキB群

もに食器類も持ち込まれていたことが明らかとなっている。この頃の朝鮮半島産食器類は北部九州から集中的に出土することが知られ（赤司 1991；降矢 2002；山本 2003）、その流入は日麗貿易に由来するとも考えられている（赤司 1991）。日麗貿易が北部九州を窓口に展開していたとみると、朝鮮半島からの舶来品や窯業技術は北部九州を経由して琉球列島へともたらされていた可能性が高い。

カムィヤキは生産品の7割以上が貯蔵用の壺（多数）・甕（少数）で占められ、残りは供膳や調理用の椀・鉢・水注であった。椀、鉢、水注には当時流行した中国陶磁器がモデルとなったものもある（吉岡 2002）。11世紀代に生産が始まるが、大型壺の口縁部形態、成形方法、当て具文様の検討によると、A群（11世紀〜13世紀前半生産器種：壺、甕、鉢、図11）とB群（13世紀中頃〜14世紀代、生産器種：壺、甕、鉢、椀、水注、図12）に大きく分けられ（池田編 2005；新里編 2005）、B群の出現期は器形、製作技法、器種構成が大きく変化する生産上の画期とされている（新里 2013）。カムィヤキが多く出土する地域では中国産陶器の壺が少ないので、舶来品の代わりとなる貯蔵具を多く出荷することが、カムィヤキ産業の主軸だったのであろう。

2．舶来煮沸具の受容

日本列島における古代から中世の代表的な煮沸具であった滑石製石鍋は、琉球列島でも使用され、古手の把手付タイプは地元で製作された土器のモデルともなった。琉球列島では本州や四国に類例が少ない把手付石鍋が圧倒的に多く、中で

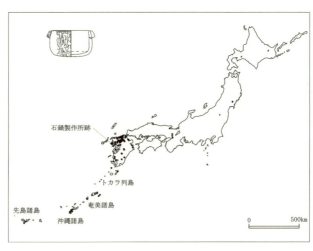

図13　把手付石鍋の分布状況

も奄美諸島の喜界島で卓越する傾向にある（宮城2015、図13）。把手付石鍋は、西北九州と北部九州で多く出土していることから、これらは11、12世紀頃の九州島西海岸地域と関係して琉球列島に持ち込まれた可能性が高い。

その一方、13世紀以降に全国で流行した鍔付石鍋は奄美・沖縄諸島の一部を除きさほど出土しない（新里2002；2008）。琉球列島では鍔付石鍋の需要が高くならなかったようで、この頃には必要な品物を取り寄せる買い手主体の商品経済が始まっていた可能性がある。

把手付石鍋は琉球列島の各島々へと万遍なく行きわたり、それまで異文化圏であった先島諸島にも及んだ。西北九州における産地付近の港町や貿易都市であった博多に集められたものが中世商人（博多綱首のような遠隔地商人や国内商人）によって持ち込まれ、さらに琉球列島の在地集団も加わって各島々へ運ばれる経過が想定される。特に貝塚時代の奄美・沖縄諸島と先史時代の先島諸島は互いに交流がなかったので、先島諸島で九州産の食器類が出土することは琉球列島外の商業集団が運搬に関わっていたことを予想させる。

把手付石鍋は日宋貿易の品目にもある硫黄の一大産地三島でも多く発見されている（中園編2015）。これらが日本列島でなく琉球列島側へと分布していく状況から、把手付石鍋は南方物産の貿易に携わった中世商人の生活用具であった可能性も指摘されている（鈴木2008）。琉球列島から出土する把手付石鍋は、主に商品として、時には特定集団の生活用具として持ち込まれたとみられ、中世という時代性を反映する活発な人の出入りの証拠であったことに間違いはないであろう。

3．舶来供膳具の受容

奄美諸島の一部地域からは10世紀前後の中国陶磁器が検出されることがあるが（宮城2014）、11世紀中頃になると大量生産品であった中国陶磁器が琉球列島全域におよぶようになる。これらは滑石製石鍋、石鍋を模した在地土器、カムィヤキを伴う事例が多く、徳之島カムィヤキ陶器窯跡においても玉縁口縁白磁碗の模倣品が生産されるほど琉球列島内部の生活に定着していった。こうした状況からこの時期の中国陶磁器は、滑石製石鍋とともに九州島から琉球列島へとまとめて持ち込まれたとする意見もある（金武1998）。

第 2 章　遺跡出土食器類から考えるグスク時代の琉球列島社会

　11 世紀中頃から 12 世紀前半の中国陶磁器は奄美諸島において多く消費されているので、北側の奄美諸島は地理的に近い九州島との交易で有利な立場にあったことがわかる。13 世紀前半以前の中国陶磁器が九州の一般的な遺跡から出土するものと大差ないことは（森本・田中 2004）、博多を起点に放射状に運搬される陶磁器貿易の状況を反映しており、この頃の琉球列島は博多の商圏内にあって、奄美諸島はその窓口として機能していたとみることができる。

図 14　今帰仁タイプ碗（上）とビロースクタイプ碗（下）

　琉球列島で消費された中国陶磁器の分析によると、奄美諸島は各期を通じて九州島の状況と近い一方で、先島諸島には日本列島で稀な種類が多いことが判明している（宮城・新里 2009；新里 2015）。この傾向は 13 世紀中頃以降特に顕著であることから、この頃の中国陶磁器の運搬には少なくとも 2 つの経路が利用されていた可能性が高いとされる（森本・田中 2004；木下 2009）。

図 15　大宰府分類白磁碗Ⅸ類

　その証拠となる資料が今帰仁タイプやビロースクタイプと呼ばれる粗製の陶磁器だといわれている（図14）。これらは概ね 13 世紀中頃から 14 世紀中頃の生産物で、福建省閩江流域を産地とすることが明らかになっているが（木下編 2009）、中国南部と近接する先島諸島ではこれらが多く、九州島や奄美諸島で

一般的な中国陶磁器（大宰府F期の白磁IX類の碗・皿など、図15）が少ない。これは先島諸島と中国南部の経済関係が強かったことの表れであろう。

4．食器類がもつ文化的側面

　琉球列島各地で製作された在地土器や徳之島のカムィヤキには、滑石製石鍋や中国陶磁器などの舶来食器類と似た形をもつものがある（図16）。また、カムィヤキの壺は同時代の朝鮮半島で生産されていた無釉陶器と見分けにくいほど類似する。こうした状況により、外部から運ばれる滑石製石鍋、中国陶磁器、朝鮮半島産の無釉陶器を原型、琉球列島内で製作された土器やカムィヤキを模倣型と捉え、原型の使用者と模倣型の使用者の間には一定の階層差が生じていた可能性も指摘されている（中島 2008）。これは、外部からの搬入品を入手できる上位階層者が社会的立場の優位性を常に保つために在地での模倣品生産を主導し、それらを下位階層者へと配分することによって階層秩序を維持したとする大胆な仮説であるが、この説に従うと、グスク時代の食器類には食事に用いる道具としての機能に加え、使用者の階層を表わす文化的な意味も備わっていたことになる。

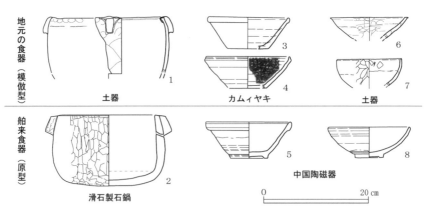

1：熱田貝塚　2：海の中道遺跡　3、4：徳之島カムィヤキ陶器窯跡　5：伊波後原遺跡　6、7：糸数城跡　8：今帰仁城跡

図16　食器類の原型と模倣型

中国陶磁碗を模倣したカムィヤキは、11、12世紀の奄美諸島に多く（新里 2004b の付表）、しかも喜界島の城久遺跡や奄美大島の赤木名城跡など大規模な集落や城塞から検出される傾向が強い。城久遺跡で検出された建物跡には大小の区別があり、その占有面積の違いを居住者の階層差とみる意見もある（甲元 2015；中島 2011）。城塞や規模の異なる建物跡の存在に注目すると、11、12世紀頃の奄美諸島には既に階層化された社会が展開していた可能性が高く、こうした遺跡からカムィヤキの供膳具が多く検出されていることからも、食器類で階層を表現する生活文化の存在を認めてもよいように思える。

中国陶磁器の碗や皿を模倣した在地土器は、13世紀中頃の沖縄諸島で多く確認される遺物であるが、これらも今帰仁城跡や糸数城跡など後に大規模な城郭へと発展する特定の遺跡から出土する特徴をもつ（新里 2017）。こうした遺跡からは中国陶磁器も多く発見されるので、これらが中国陶磁器の不足をまかなう補完的な食器であったとは考えにくい。やはり、中国陶磁器の供膳具を用いる者とカムィヤキや在地土器の使用者は、それぞれが異なる階層に属していたとみるほうが理に適っているのではないだろうか。

5．グスク時代琉球列島の地域間経済と社会

近年の食器類研究の成果をまとめると次のようになる。

グスク時代開始期（11、12世紀）の琉球列島は九州島との経済関係が最も強く、商品流通の本格化や徳之島での陶器生産はこれと関連して達成された。琉球列島の北側に位置する奄美諸島は、九州と沖縄本島以南の島々を結ぶ生産・流通上の拠点であった可能性が高い（図17－①）。

九州島との交易はその後も継続したが、13世紀中頃を境に南中国との経済関係が強まる。その重要な役割を果たしたのが南縁の先島諸島であった。先島諸島では日本列島で珍しい中国南部産の陶磁器が多く発見されるので、南中国からの物流口として機能した可能性は十分にある。交易ルートの多様化は中国陶磁器の増加をもたらし、徳之島で生産されたカムィヤキは中国製品との競合に備えるため量産化を目指し、B群の生産に大きく舵をきったと解釈できる（図17－②）。

グスク時代の食器類、特に碗、皿などの供膳具には、階層を表現する文化

的意味も含まれていた可能性が高い。中国陶磁器やカムィヤキの椀は奄美諸島でよく出土するので、使用者の階層を食器の違いで示す文化は11、12世紀頃の奄美諸島でまず流行し、その後琉球列島全域へと浸透していく経過が想定できる。滑石製石鍋や中国陶磁器の検討によると、この頃の琉球列島は九州島と経済的に強く結びついていたが、九州島との交易に優位性をもっていた奄美諸島でこうした生活文化が展開するのは、社会がより複雑化していく過程の中において、活発な交易活動が重要な意味をもっていたとみることもできる。

沖縄諸島における城郭の構築は13世紀中頃から本格化し、14世紀頃を境に大規模化する。後に按司と呼ばれ

①11世紀後半〜13世紀前半

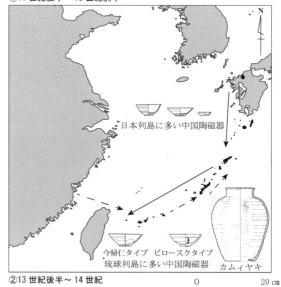

②13世紀後半〜14世紀

◀━━━：九州島から琉球列島への運搬経路
◀ーー：南中国から琉球列島への運搬経路

図17 食器類からみたグスク時代の経済状況

る地域の有力者が台頭する時期と重なるので、階層化が進んだ社会であったのは明らかであろう。沖縄諸島では奄美・先島両地域を通じて多種の中国陶磁器が持ち込まれていたが、遺跡から出土する供膳用の食器類には精製陶磁器、粗製陶磁器、カムィヤキ、在地土器があり、品質の多様化が特に目立つ。食器類によって使用者の社会的階層を表現するあり様は、13世紀中頃の沖縄諸島では最も複雑であったことがうかがえ、この状況は続く三山時代、琉球国の成立へと展開する階層の重層化が他の島々以上に進行していたことを示すのかもしれない。この視点に立つと、琉球列島では、各島嶼間の密な経済関係によって舶来品の交易が活発化するのとともに社会の複雑化がさらに進行していく様子を読み取ることができる。

　これからのグスク時代研究は、琉球列島の北縁と南縁、すなわち奄美諸島と先島諸島が交易で果たした役割や諸島間の経済的な連結性にも十分注意し、社会が階層化していく経過を考古資料から読み解いていくことが大切だと私は考えている。

謝辞

　本稿は、2017年6月18日に奄美市立奄美博物館で開催された「第27回日本熱帯生態学会年次大会公開シンポジウム」での講演（考古学からみた先史・原史時代の琉球列島）と2017年10月27日に鹿児島大学で開催された「鹿児島大学国際島嶼教育研究センター第182回研究会」での発表（琉球国成立前夜の考古学的研究）のアウトラインをまとめたものである。機会を与えて下さった鹿児島大学国際島嶼教育研究センターの皆様に感謝申し上げます。

引用・参考文献

安里進 1990『考古学から見た琉球史（上）』ひるぎ社：那覇市

安里進 1998『グスク・共同体・村』榕樹書林：宜野湾市

赤司善彦 1999「徳之島カムィヤキ古窯跡採集の南島陶質土器について」『九州歴史資料館研究論集』24：49-60

赤司善彦 2007「高麗時代の陶磁器と九州および南島」『東アジアの古代文化』130：118-131

池田榮史 2003「増補・類須恵器出土地名表」『琉球大学法文学部人間科学科紀要　人間科学』12：201-242

池田榮史 2005「類須恵器とカムィヤキ古窯跡群」『肥後考古』13：93-102

池田榮史 2009「第三節　琉球列島におけるグスク」『中世東アジアの周縁世界』天野哲也・池田榮史・臼杵勲（編）pp. 255-268 同成社：東京

池田榮史（編）2005『南島出土須恵器の出自と分布に関する研究　平成14年度～平成16年度科学研究費補助金基盤研究（B）―（2）研究成果報告書』琉球大学：西原町

大庭康時 2010「モデルとコピー―範型の選択意図―」『中世東アジアにおける技術の交流と移転―モデル、人、技術．平成18年度～21年度科学研究費補助金 基盤研究（A）研究成果報告書』小野正敏（編）pp. 13-22 国立歴史民俗博物館：佐倉市

菅浩伸 2014「琉球列島のサンゴ礁形成過程」『琉球列島先史・原史時代における環境と文化の変遷に関する実証的研究　研究論文集　第2集　琉球列島先史・原史時代の環境と文化の変遷』高宮広土・新里貴之（編）pp. 19-28 六一書房：東京

木下尚子 1996『南島貝文化の研究』財団法人法政大学出版局：東京

木下尚子（編）2009『13～14世紀の琉球と福建　平成17～20年度科学研究費補助金基盤研究（A）（2）研究成果報告書』熊本大学文学部：熊本市

金武正紀 1998「沖縄における貿易陶磁」『日本考古学協会1998年度大会研究発表要旨』：35-36

具志堅亮（編）2010『中里遺跡　天城町埋蔵文化財発掘調査報告書4』天城町教育委員会：天城町

黒住耐二 2014「貝類遺体からみた沖縄諸島の環境変化と文化変化」『琉球列島先史・原史時代における環境と文化の変遷に関する実証的研究　研究論文集　第2集　琉球列島先史・原史時代の環境と文化の変遷』高宮広土・新里貴之（編）pp. 55-70 六一書房：東京

甲元眞之 2015「第2節　考古学からみえる城久遺跡群」『城久遺跡群－総括報告書－喜界町埋蔵文化財発掘調査報告書14』喜界町教育委員会（編）pp. 56-59 喜界町教育委員会：喜界町

新里亮人 2002「滑石製石鍋の基礎的研究」『先史琉球の生業と交易―奄美・沖縄の発

掘調査から―平成 11 ～ 13 年度科学研究費補助金基盤研究（B）(2) 研究成果報告書』木下尚子（編）pp. 163-190 熊本大学文学部：熊本市

新里亮人 2003「琉球列島における窯業生産の成立と展開」『考古学研究』49（4）（通巻 196 号）：75-95

新里亮人 2003「徳之島カムィヤキ古窯産製品の流通とその特質」『先史学・考古学論究』Ⅳ：384-410

新里亮人 2004「カムィヤキ古窯の技術系譜と成立背景」『グスク文化を考える』今帰仁村教育委員会（編）pp. 325-352 新人物往来社：東京

新里亮人 2008「琉球列島出土の滑石製石鍋とその意義」『日流交易の黎明 叢書文化学の越境 17』谷川健一（編）pp. 53-72 森話社：東京

新里亮人 2014「カムィヤキの生産と琉球列島の海域事情」『南から見る中世の世界』鹿児島県歴史資料センター黎明館（編）pp. 166-169「南から見る中世の世界」実行委員会：鹿児島市

新里亮人 2015「琉球列島の中国陶磁器」『貿易陶磁研究』35：17-24

新里亮人 2017「グスク時代琉球列島の土器」『考古学研究』64（1）（通巻 253 号）：60-81

新里亮人（編）2005『カムィヤキ古窯跡群Ⅳ 伊仙町埋蔵文化財発掘調査報告 (12)』伊仙町教育委員会：伊仙町

新里亮人（編）2010『川嶺辻遺跡 伊仙町埋蔵文化財発掘調査報告書 (13)』伊仙町教育委員会：伊仙町

鈴木康之 2006「滑石製石鍋の流通と消費」『鎌倉時代の考古学』小野正敏・萩原三雄（編）pp. 173-188 高志書院：東京

高梨修 2005『ヤコウガイの考古学』同成社：東京

高宮広土・新里貴之 2013「琉球列島貝塚時代における社会組織の変化」『季刊 古代文化』64（4）：98-110

樋泉岳二 2014「脊椎動物遺体からみた琉球列島の環境変化と文化変化」『琉球列島先史・原史時代における環境と文化の変遷に関する実証的研究 研究論文集 第 2 集 琉球列島先史・原史時代の環境と文化の変遷』高宮広土・新里貴之（編）pp.71-86 六一書房：東京

中島恒次郎 2008「大宰府と南島社会―グスク社会形成起点―」『古代中世の境界領域』

池田榮史(編) pp. 171-198 高志書院:東京

中島恒次郎 2010「城久遺跡群の日本古代中世における社会的位置 - 津軽石江遺跡群との相違を含めて - 」『古代末期・日本の境界 - 城久遺跡群と石江遺跡群』ヨーゼフ・クライナー・小口雅史・吉成直樹(編) pp. 131-160 森話社:東京

中園聡(編) 2015『黒島平家城跡・大里遺跡ほか, 三島村埋蔵文化財調査報告書1』三島村教育委員会:三島村

降矢哲男 2002「韓半島産陶磁器の流通 - 高麗時代の青磁を中心に - 」『貿易陶磁研究』22:138-167

宮城弘樹 2014「貿易陶磁出現期の琉球列島における土器文化」『琉球列島先史・原史時代における環境と文化の変遷に関する実証的研究, 研究論文集 第1集 琉球列島の土器・石器・貝製品・骨製品文化』新里貴之・高宮広土(編) pp. 199-226 六一書房:東京

宮城弘樹 2015「南西諸島出土滑石製及び滑石混入土器出土遺跡集成」『廣友会誌』8:19-31

宮城弘樹・新里亮人 2009「琉球列島における出土状況」『13〜14世紀の琉球と福建 平成17〜20年度科学研究費補助金基盤研究(A)(2)研究成果報告書』木下尚子(編) pp. 73-92 熊本大学文学部:熊本市

森本朝子・田中克子 2004「沖縄出土の貿易陶磁器の問題点:中国粗製白磁とベトナム初期貿易陶磁」『グスク文化を考える』今帰仁村教育委員会(編) pp. 353-370 新人物往来社:東京

山里純一 1999『古代日本と南島の交流』吉川弘文館:東京

山本信夫 2003「東南アジア海域における無釉陶器」『貿易陶磁研究』23:76-89

吉岡康暢 2002「南島の中世須恵器」『国立歴史民俗博物館研究報告』94:409-439

コラム2

与論(ゆんぬ)の遺跡について

呉屋義勝（沖縄考古学会会員）
南　勇輔（沖縄県立埋蔵文化財センター専門員）
竹　盛窪（与論郷土研究会会員）

　与論郷土研究会の会員と筆者らは、与論町教育委員会のご指導を仰いで、主に2016年12月16日から2017年9月19日までの都合79日間にかけて、島内の遺跡分布調査を共同で実施した。以下に、その成果の一端を紹介する。

　(1) 今回の遺跡分布調査によって確認された遺跡は78カ所を数え、そのうち、周知の遺跡が18カ所、周知の遺跡として未登載ではあるが、今回の調査以前に確認された遺跡が12カ所、新規に確認された遺跡が48カ所である。遺跡の時代・時期別個所数は、貝塚時代（縄文～平安時代並行期）に相当する遺跡が17カ所（図1：1～17）、主に中世並行期が50カ所（同18～67）、近世相当期が4カ所（同68～71）、時代・時期不明が7カ所（同72～78）である。

　(2) 古里(ふるさと)クジリ遺跡から約5000年前の室川下層式土器と判断される遺物が採取された。現在、与論に先人たちが住み着いた最古の遺跡である。それに続く約4000年前の遺跡は不明であり、約3500～2500年前は立長(りっちょう)イチョウキ長浜(ながはま)貝塚・麦屋上城(むぎやうわいぐすく)遺跡などが相当する。そして、約2500～2000年前の遺跡は判然とせず、約1500年前の遺跡に立長ハキビナ浜遺跡が確認された。

　(3) 城・朝戸・麦屋の集落で隔年毎に挙行されるシニグ祭祀の祭祀場であるサアクラの15カ所すべての地所が、中世並行期の遺跡であることが知られた。

　(4) 中世並行期のカムィヤキ・中国産磁器・褐釉陶器などの遺物と混在して採取された土器には、"くびれ平底系土器"と"グスク系土器"、そして"与論独自の土器群"の三つのグループ＝類型がある。そのうち、"与論独自とする土器群"には、奄美・沖縄諸島の貝塚時代前5期（縄文時代晩期相当）の肥厚口縁土器と見紛い、表面にウコン・キョウオウなどのショウガ科と考えられる

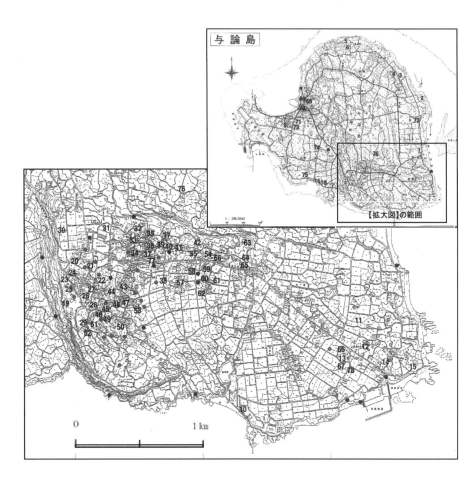

図1　与論の遺跡分布図
【凡例】1．本図は2002年2月測量の『与論町基本図』を背景図とした。
　　　　2．「●」印は水源地（湧泉・洞穴泉・井戸）である（一部）。

「植物の葉」を宛がった圧痕の文様と判断される土器が含まれる。
　(5)　"地表から採取された遺物"ではあるが、口縁部が肥厚する「植物の葉」を宛がった文様を有する土器の年代の目安として、朝戸プサトゥサアクラ遺跡から採取された土器に付着した炭化物は、放射性炭素年代測定の結果、較正年代測定値の中央値はcal A D 1481を示した。

第3章
DNAからみた南西諸島集団の成立

篠田謙一（国立科学博物館）

I. これまでの日本人起源論

1. 日本人の特徴とその成立に関する理論

　自然人類学が提唱する日本人の起源論の中で、南西諸島（奄美と琉球列島）の人々の成立については、どのように説明されてきたのだろうか。本稿ではまずこの問題から考えてみることにする。明治以来の形質人類学的な研究によって、日本列島集団には二つの大きな特徴があることが知られている。一つは形質には時代的な変化があるということで、具体的には縄文時代の人骨と弥生時代の人骨に明確に認識できる違いが認められることをいう。ただし、この場合の縄文人というのは、今からおよそ5000年前の縄文時代中期以降の、主として関東以北の太平洋岸の貝塚に埋葬された人骨を指し、弥生人は北部九州の甕棺に埋葬された、いわゆる渡来系弥生人を指していることには注意する必要がある。両者の違いは、時代的な要因の他に地理的な変異も考慮する必要がある。
　二つ目の特徴は、現代の日本列島には形質の異なる集団が存在しているということで、こちらは北海道のアイヌ集団と本州を中心とした、いわゆる本土日本人、そして琉球列島集団には区別しうる特徴があるということを指している。特に琉球集団とアイヌの人々は見た目が似ており、本土日本人との差が際立っている。このことは実感として納得できる人も多いだろう。
　このような列島内に見られる時間的・空間的な形質の違いが、どのように形成されたのだろうか。それを考えることは、日本列島集団の成立の経緯を明らかにすることにつながっている。なぜなら、これらの違いは日本人が成立する過程の中で生じたものと考えられるからだ。

この日本人の成立に関しては明治以来様々な学説が唱えられてきたが、現在定説として受け入れられているのは埴原和郎による二重構造モデルである（Hanihara 1991）。この学説は、列島内だけではなく東アジアの集団の成立も含めた視野の広いものだが、おおよそ以下のようなシナリオである（図1）。すなわち、旧石器時代に東南アジアなどから北上した集団が日本列島に侵入し、基層集団を形成した。そして彼らが縄文人となった。一方、列島に入るこ

二重構造説による日本人形成過程の模式図

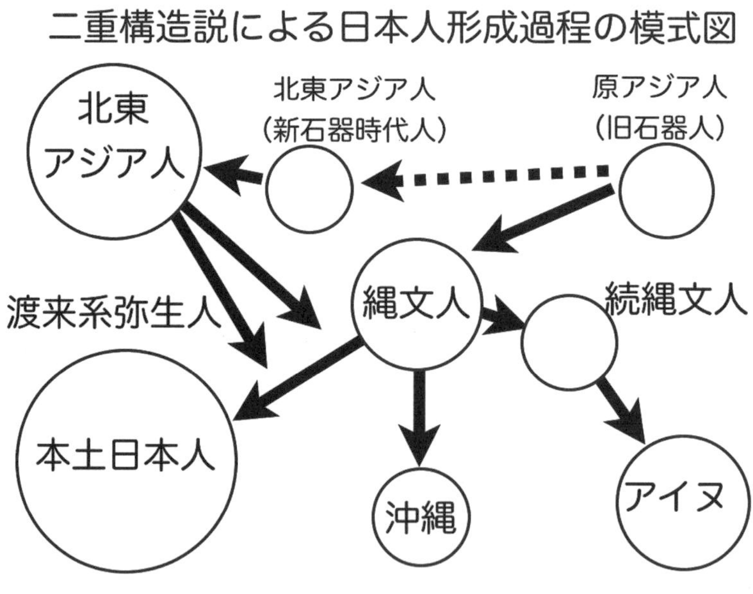

図1　二重構造説の概念図

となく大陸を北上した集団は、やがて寒冷地適応を受けて形質を変化させ、北東アジアの新石器人となる。弥生時代の開始期になると、この集団の中から朝鮮半島を経由して、北部九州に稲作をもたらすものが現れる。彼らが渡来系弥生人と呼ばれる人々である。つまり、縄文人と渡来系の弥生人はそもそも由来が異なるので、姿形に違いがあるということになる。
　弥生時代以降、大陸から渡来した人々は、稲作を全国に広めていくことにな

るが、その過程で在来の縄文人と混血していくことになった。歴史時代を通じてこの混血は進んだが、稲作が入らなかった北海道と、およそ2000年おくれて、10世紀頃になってようやく稲作が入った南西諸島では、縄文人の遺伝的な影響が強く残ることになった。つまり両者の見た目の類似性は、縄文人の影響であると考えるのである。この二重構造モデルは、列島内部に見られる時間的・空間的な形質の違いを、基層集団と渡来した集団の関係というひとつの視点で説明できる。しかし、DNA研究が進むとこのように単純化した集団の成立のシナリオには問題があることもわかってきた（篠田 2015）。

2. 二重構造モデルの問題点

　二重構造モデルは、均一な縄文人社会が、大陸由来の水田稲作と金属器の加工技術をもった集団を受け入れたことによって、本土日本を中心とした中央と南西諸島・北海道という周辺に分化していくというシナリオである。先端技術を受け入れた中央と、その影響が波及しなかった周辺という見方をしているわけだが、果たしてこのような視点で、南北3000 kmを超え、寒帯から亜熱帯の気候を含む日本列島・南西諸島の集団の成立を正確に説明できるのだろうか。日本列島には、旧石器時代にホモ・サピエンスが進入したと考えられているが、一般には図2に示した三つのルートが想定されている。二重構造モデルでは、それぞれの経路を利用して列島に進入した旧石器人が、縄文時代の中期までには日本列島内部で均一化したことを仮定しているが、そのプロセスに関しては言及していない。中期以降の縄文人の形質が比較的均一で、「縄文人」として括ることができることをその根拠としているのだが、そもそも縄文人的な形質を持った集団が、どの範囲まで分布していたのかも不明である。

　狩猟採集民である旧石器時代から縄文時代にかけての集団は、その生活が生態環境に依存していたはずで、環境の違う地域への拡散には困難が伴ったことが予想される。旧石器時代の北海道は寒帯から冷温帯に属し、針葉樹林や草原が卓越していた。本州の北半分は冷温帯の針葉樹と落葉樹林、南半分は温帯の針葉樹と落葉樹が広がっており、琉球列島は温暖帯の照葉樹林だった。このような多様な生態環境の中で生きた人々が、均一化に向かうとは考えにくく、むしろ環境の違いは集団の分化を促したはずである。

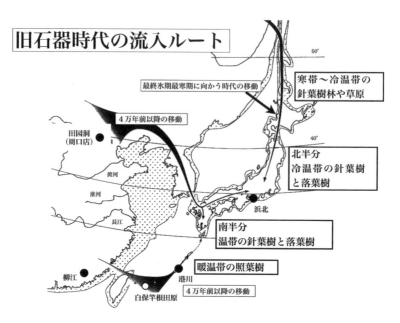

図2　旧石器時代の日本列島へのホモ・サピエンスの流入経路

　実際、縄文人の持つミトコンドリアDNAの分析では、地域差が認められている。ミトコンドリアDNAはひとつの細胞中に多くのコピーを持っている。そのため経年的な変性を受けてDNAが壊れているサンプルでも分析ができる可能性が高いので、古人骨の分析にはよく用いられる。突然変異を起こす確率が高いので、人類集団がアフリカを旅立って世界の各地に展開する間に様々に異なる系統を生み出すことになった。その系統をハプログループと呼び、地域集団に特有のハプログループが存在することを利用して、その情報から集団の起源や近隣集団との関係を知るための研究が行われている。

　縄文人で、このミトコンドリアDNA系統を調べてみると、彼らによく見られるM7aというハプログループが、明らかな地域差を持っていることが判明した（篠田 2017a）。このことは、地域間の交流が全体の遺伝的な特徴を均一化する方向には向かわなかったことを示している。従って、均一な縄文人を出発点としている二重構造モデルでは、正確な列島集団の成立のシナリオを描く

ことは難しいということがわかる。特に南西諸島集団の成立を、本土日本の周辺として捉えて議論することは、本質を見誤る可能性がある。そこで本稿では、この地域の集団の成立を、旧石器時代から続く地域の歴史として記述することにする。

Ⅱ．DNA分析による南西諸島人の起源の探求

1．南西諸島の旧石器時代人

　酸性の土壌に覆われ、一般には人骨の残りの悪い日本列島だが、サンゴ礁が造った琉球石灰岩が広く分布する南西諸島では洞窟遺跡が発達し、これまでにも例外的に数多くの旧石器時代人骨が発見されている。特に新石垣空港の開設に伴う発掘調査で発見された石垣島の白保竿根田原洞窟遺跡は、2010年度の最初の発掘調査以降、2016年度の最終調査に至るまでに、更新世末から近世にかけての1100点以上もの人骨片が出土している。炭素14年代法による年代測定の結果、出土した人骨の主体は更新世末から完新世初頭のものであると考えられており、この時代の遺跡としては国内外を見渡しても前例のない規模を誇るものとなっている。その発掘調査のために考古学、形質人類学、年代学などの専門家チームが組織されたことも特筆に値する。この遺跡では、単に遺物・遺骨の発見を目的としただけではなく、その後の科学分析までを視野に入れて、慎重な発掘調査が行われた（沖縄県埋蔵文化財センター　2017）。これからの遺跡調査の姿を先取りした画期的なものである。

　白保竿根田原洞窟遺跡では、これまで出土した32の人骨サンプルについてミトコンドリアDNAの分析が試みられている。しかし年代の判明している個体でミトコンドリアDNAのハプログループ情報を得ることが出来たのは5サンプルのみで、残念ながらこの地域の集団の遺伝的な変遷を明らかにするには至っていない。またこのうち、旧石器時代に遡る人骨でDNA情報が得られたものは2体のみである。そのうちの1体はB4と呼ばれるハプログループに属していた。興味深いことに今のところアジアでDNAが分かっている最古の人骨は、周口店の田園洞で見つかった4万年ほど前のものだが、このサンプルもB4の祖先にあたるタイプを持っていた。ハプログループBの系統は、現代人

では新大陸を除けば主として東南アジアの集団に多く見られる。あるいは旧石器時代の東アジアでは、このハプログループが多数を占めていたのかも知れない。もう一体は、ミトコンドリアDNAハプログループの大分類群であるRまでしか判定できなかった。アジアのハプログループRの系統は、分布から見て東南アジアや中国南部など南方地域に起源を持つと考えられる。つまり白保竿根田原洞窟遺跡から出土した旧石器人骨が持つハプログループは、これら東南アジアの地域との関連がうかがえるということになる。今のところ、得られた結果からは琉球列島の南西部に到達した旧石器時代の人類の源郷として、これらの地域が候補になると考えられる（篠田ほか 2017b）。

　白保竿根田原洞窟遺跡の旧石器時代人が持つミトコンドリアDNAが東南アジアにつながる系統であることを考えると、琉球列島に最初に登場するのは、南からの侵入者だということになる。残念ながら、今回データが得られた個体数では、南西諸島の旧石器時代人の遺伝的な特徴を明らかにするには十分ではない。また、ここで見いだされたハプログループRは、現代の日本人には存在せず、その後の日本列島集団にはつながらない可能性がある。南西諸島では、ここで説明した白保竿根田原洞窟遺跡のほかにも沖縄本島港川フィッシャー遺跡出土の港川人など、旧石器時代人が発見されているが、実は旧石器時代人と次の時代になる貝塚時代前期（縄文時代相当期）の人骨の間の時間的な空白がある。この間の人骨が揃ってくると、最初にこの地域に到達した人々と、現代の私たちの関係も明らかになってくるだろう。

2. 貝塚前期末人（縄文時代相当期の人々*注1）のDNA分析

　南西諸島で本土日本の縄文時代に相当するのは貝塚時代前期である。現状ではこの時代の人骨でDNA分析の結果が報告されているものはほとんどないが、その中で2008年に沖縄本島本部半島の北西約9キロメートルの位置にある伊江島から発見された2体の男性と1体の女性人骨について、私たちのラボで分析を行っている。その年代は2600年ほど前で、貝塚時代前期の終わりに相当する。

　この3体の持つミトコンドリアDNAを、次世代シークエンサを用いて詳細に解析したところ、2体の男性のミトコンドリアDNA配列が完全に一致した。

ミトコンドリアDNAの全配列が一致することは、全くの他人では考えにくいので、この二人は兄弟あるいは非常に近い母系の親戚であることが予想される。一方、女性は異なる配列を持っていたので、彼らと母系での血縁関係はないと判断できる。また、この3人のハプログループは、いずれも本土日本の縄文時代を代表するハプログループであるM7a（Adachi et al. 2011）であった。

　前述したように我々のこれまでの研究で、縄文人に見られるハプログループM7aには地域差が存在することがわかっている（篠田 2017a）。またこのハプログループは、恐らく東南アジア〜南アジアの海岸地域に生まれ、旧石器時代に日本に入ったと考えられている（篠田 2007）。その系統の分岐年代から、このハプログループは旧石器時代に日本列島に到達し、列島の内部で地理的な隔離を受けながら、地域に特有の系統を生み出していったと想定される。その中で、中国地方、九州、沖縄ではM7a1の系統のみが見られ、関東以北はM7a2など別系統が主体となる。M7aは大陸の南部で誕生したと推定されるが、沖縄に見られるM7a1の系統は、九州に入ったものが南下したのか、あるいは直接、大陸から南西諸島に渡来した人々の子孫が持っていたものなのかは、現時点では明らかではない。

　実は白保竿根田原洞窟遺跡でも、4000年よりも新しい時代のサンプル3体から、このM7aが検出されている（篠田ほか 2017b）。考古学の研究からは、琉球列島では中世のグスク時代まで、沖縄本島と八重山諸島は異なる文化圏に属していると考える説が有力である。具体的には、石垣島を含む八重山諸島は台湾やフィリピンと同じ文化圏に属し、奄美・沖縄諸島は南九州の縄文文化圏に含まれると考えられている。しかしながら、縄文相当期にあたる時代から、双方に同じM7aを持つ集団が居住していたことは、この学説に疑問を投げかけることになる。M7a1は縄文時代に九州から沖縄を中心に広く分布していた。これが八重山に起源を持つというのは想定しにくいので、やはり沖縄本島から八重山へのヒトの流れがあったと考えざるを得ない。とすれば、白保竿根田原洞穴遺跡における集団の交代は、ヒトの流入経路の変化を伴ったものである可能性がある。最初期の集団は東南アジアや南アジアから到達したものの、彼らは現代まで子孫を残すことはなく、やがて沖縄本島からやって来た集団が居住するようになったというシナリオが見えてくる。琉球列島は日本列島と台湾・

東南アジアを結ぶ経路に位置し、様々な地域からの人類集団が到達する可能性がある。八重山における集団の時代的変化も、そのようなダイナミックな人類集団の移動の歴史を反映したものであったのかも知れない。

残念ながら、現段階で南西諸島における旧石器時代から貝塚時代前期における集団の変遷を考察するに足るDNAデータは存在しない。しかし今後、遺伝情報が蓄積されていけば、考古学的な研究から導かれる文化編年との整合性の検討や、文化の変容とヒト集団の移動の問題について新たな知見を得ることが可能になるはずである。

3．貝塚時代後期（弥生平安並行期）

弥生時代から平安時代に相当する貝塚後期になると、南西諸島の内部でもいくつかの遺跡からまとまった人骨が出土しており、それ以前の時代に比べれば、DNAデータを使った考察が可能になっている。これまでに、沖縄県うるま市具志川グスク崖下遺跡と読谷村の大当原遺跡から出土した人骨のミトコンドリアDNAのデータが得られている（Shinoda et al. 2012）。確実な結論を導くことができるほどの個体を分析できていないが、この時代のミトコンドリアDNAの構成については、この2つの遺跡のデータから、ある程度の見通しをつけることができる。

具志川グスク崖下遺跡と大当原遺跡からは合わせて14体の人骨から、M7a、D4、A4、B4、Cの5種類のハプログループが検出されている（図3）。このうちハプログループCを除く4種類は、現代の沖縄で多くを占めているもので、それらを合わせると、現代の沖縄の人々に占める割合は約8割になる。つまり、貝塚時代後期には、すでに現在の沖縄で多数を占めるハプログループは存在していたということになる。ここからグスク時代以降、現代に続く沖縄の遺伝的な構成要素は、この時期に揃っていたと言ってよいだろう。このうちM7aは前述したように古くから沖縄に存在するハプログループだが、D4、特にそのサブグループであるD4aは、現代の本土日本集団の主体をなすハプログループであり、農耕民である渡来系の弥生人が持ち込んだものだと考えられている。

これまでの分析による貝塚時代後期のハプログループ構成からは、弥生時代

第3章　ＤＮＡからみた南西諸島集団の成立

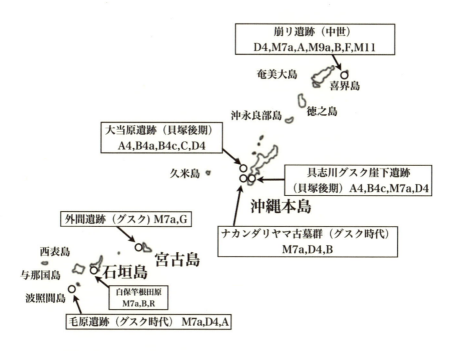

図3　旧石器時代からグスク時代までの遺跡と検出されたミトコンドリアＤＮＡの
　　　ハプログループ

から平安時代にかけての数百年の歴史の中で、南西諸島に本土日本から徐々にハプログループD4を主体とする人々が流入し、在来の集団に吸収される形で人口を増やしていったというシナリオが見えてくる。本土日本では弥生時代の開始期以降に朝鮮半島を経由した稲作農耕民が流入して本格的な農耕社会に移行したのに対し、海洋によって隔てられ、稲作農耕に適した耕地をほとんど持たない南西諸島にはその波が急速に訪れることはなかった。この地域に農耕が伝播するのは、考古学的な研究から10世紀以降のことと考えられている。従って、南西諸島の農耕開始期以前に、本土日本のハプログループが流入するのは、農耕の伝播以外の理由を考える必要がある。南西諸島と九州の間には、弥生時代に「貝の道（南海産貝交易）」と呼ばれる物流の経路が存在したことが知られている。北部九州の弥生人が用いた貝輪製品の材料となったゴホウラガイやイモガイは、この道を通って運ばれていた。弥生時代以降の本土日本から

南西諸島へのヒトの移動は、こういった交易をきっかけとしたものだった可能性も考えられるだろう。

　一方で、具志川グスク崖下遺跡と大当原遺跡の二つの遺跡の双方からハプログループB4が見いだされている。このハプログループは本土日本にも存在するが、特に台湾では太平洋に面した地域の先住民に非常に多いことが知られている。このことを考えれば、このハプログループは海洋を通じた古代の交流によって南方から南西諸島にもたらされたと考えることもできる。白保竿根田原洞穴遺跡の旧石器人骨にもこのハプログループがあったことや、東アジアから南太平洋に展開したオーストロネシア語族の人たちの主体となったのもこのハプログループを持つ人びとであったことを考えれば、B4のある系統は、古代の海洋交流を担った集団が持っていたハプログループだった可能性もある。海を隔てた地域は、陸上とは違ったスケールの移動規模を考える必要性があり、南西集団の成立を考える時には常にそれを意識すべきなのだろう。

4．南西諸島のグスク時代

　貝塚時代後期に続くグスク時代には、それまで文化的には異なっていた先島と奄美・沖縄諸島が共に城(グスク)を中心とした農耕社会に移行する。遺跡の数も増加し、人口も急速に増えていったことが発掘からわかっており、この時代が今に続く南西諸島の社会が完成した時期だと考えられている。ただし発掘されているグスク時代の人骨も数は少なく、形態学的にも遺伝学的にもまだグスク人の実像を捉えるには至っていない。ここではこれまでミトコンドリアのDNAデータが得られている3カ所の遺跡のDNA分析の結果を紹介するが、残念ながらこのような理由で、現時点での結論は限定的なものに留まっている。

　ミトコンドリアのDNAを解析したのは、沖縄島のナカンダリヤマ古墓群から出土した8体の人骨と波照間島の毛原(もうばる)遺跡から出土した7体（Shinoda et al. 2013）、そして宮古島の外間(ぷかま)遺跡から出土した3体である。一応、広く南西諸島全域からサンプリングを行った形になっている。ただし、状態の悪いものも多く、ミトコンドリアDNAのハプログループを完全に決定できたものはそれほど多くはない。しかし、すべての遺跡からM7aが検出され、ナカンダリヤマ古墓群と毛原遺跡からD4が、そして外間遺跡からはハプログループGが検

出されている（図3）。

　前述したようにM7aは貝塚時代前期から続く系統である。一方、D4系統は交易や農耕の拡大によって貝塚時代後期以降に南西諸島にもたらされたと考えられている。ハプログループD4が日本列島における農耕の拡散に係わっている証拠として、現代の日本人集団には高率で保持されているにも拘わらず、これまで分析した全国の縄文人からは、その主体をなすD4aが一体も見いだされていないことが挙げられる。また、渡来系の弥生人集団が高い比率でこのハプログループを持っていることも分かっている（Shinoda 2004）。前述したが、これらの事実からD4系統は、稲作を列島にもたらした集団で、主要なハプログループだったと考えられるのである。

　沖縄島では貝塚時代後期までにはこの二つのハプログループが共存していたことが分かっているので、ナカンダリヤマ古墓群に両者が見いだせるのは不思議ではない。一方、南西諸島でも最も南に位置する波照間島でも、グスク時代には両者が揃っているのは、先島の歴史を考える上でも興味深い。宮古島の外間遺跡から検出されたハプログループGもアジアの北方系集団に多いもので、先史時代から南西諸島に存在していたとは考えにくく、D4と一緒に動いたハプログループだと考えられる。つまりグスク時代は南西諸島全体で旧石器時代から続く系統を持つ人々と、農耕と共にやってきた人たちの混合が進んでいたことになる。今のところデータの不足から、先島に関してはどの時点で本土日本の遺伝的な影響が伝わったのかは不明だが、この結果からグスク時代はDNAから見ても、今に続く南西諸島の形が作られた時期だと言ってよいだろう。図4はグスク時代の三遺跡のハプログループ頻度と現代の琉球列島の人たちを比較したものだが、ほぼ似たような比率になっていることが分かる。これまでのDNA分析の結果からは、グスク時代は沖縄島で一足先に完成していた在来集団と農耕民の混合が先島諸島に波及していった時代だと捉えることができる。

　形質人類学や考古学の研究からも、グスク時代の前後に大きな文化的経済的転換とともに、ヒトの形質も大きく変化し、特徴的な貝塚時代人から本土日本の中・近世人と変わらない琉球列島集団が成立したとされている（安里・土肥1999）。DNA分析が描くこの時代の集団形成のシナリオも概ね一致している。

今後DNAの解析例が増えていけば、南西諸島集団の成立史は更に詳細なシナリオを描くことができるはずだが、そのためには何よりも、現在ほぼ空白となっている奄美を含めた南西諸島全体での貝塚時代前期集団のDNA分析と、貝塚時代後期に相当する先島の人骨の発見と分析が必要となる。旧石器時代に遡る在来集団の由来と貝塚時代人との関係の解明と、貝塚時代後期以降の社会の発展に関して、在来集団と農耕民との融合がどのような状況と規模で行われたのか知ることが求められている。

5．浦添ようどれのDNA

初期琉球王国（中山）の王陵・浦添ようどれは、浦添グスクの北側崖下にある。この墓は英祖王が咸淳年間（1265〜1274）に造営したと伝えられているが、その後、1620年に尚寧王が一族の墓として修築したとされる。2002年度には、この英祖・尚寧陵の墓室調査が行われ、石厨子から多数の人骨が回収されている。このうち尚寧陵の石厨子から出土した人骨のDNA分析が行われている。残念ながら人骨の保存状態が極めて悪く、ミトコンドリアDNAのハプログループが判明したのは1体のみだったが、この個体の持つハプログループは沖縄ではそれほど多くないFだった。

ハプログループFは本土の日本人で5％程度、琉球では2％程度で少数派のハプログループである。その地理的な分布から南方系の要素と考えられており、台湾の先住民やフィリピン、中国の南部の漢民族では十数パーセント、インドネシアだと40％近い人々がこのハプログループに分類される。従って17世紀の琉球列島では、このハプログループが朝鮮半島と本土日本を経由して流入したと考えるよりも、むしろ中国南部から直接渡来したか、あるいは台湾などを経由して入ってきたと想定する方が無理のないように思える。

もちろん、偶然の結果を見ている可能性はあるが、尚寧王の一族の墓に埋葬されたひとりが、沖縄に古くから伝わるDNAでも、貝塚時代後期以降に本土日本から渡来したと思われるものでもなく、中国の南部や東南アジアに多いハプログループだったことは、この時代の中国との交流を考えると興味深い。

6．喜界島での発掘と琉球列島集団の関係

　近年、奄美群島に属する喜界島の圃場整備事業に伴う調査発掘で、中世～近世にかけての大規模な墓地の発掘が進んでいる。数百体にもおよぶ人骨が発掘されており、そのミトコンドリアDNA分析も行われている。研究は途中の段階だが、この時点での成果を元に、中世以降にこの地に住んだ人々のDNAから何が言えるのかを見ていこう。

　現段階では崩リ遺跡からのまとまった人骨が解析されている。墓の形成された時代は、新しいものでは江戸の初期くらいまで遡ると言われているので、厳密にはグスク時代の人骨ではないが、集落自体が中世から続いているので、遺伝的な特徴は、この島に暮らした中世人が持っていたものを引き継いでいると考えて良いだろう。これまでに32個体のミトコンドリアDNAハプログループが判明している（図4）。

　検出されたハプログループは、A、B、D4、M7a、M9a、M11、Fの7種類だが、目立つのはD4が全体の40％を占めていることである。特に多いのはD4eと

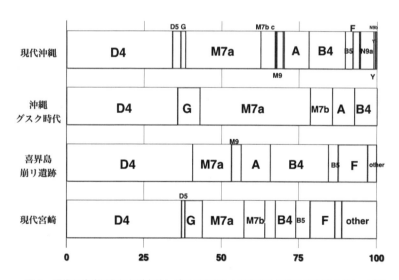

図4　現代の琉球列島および宮崎とグスク時代および喜界島の中近世ハプログループの頻度比較

いう特殊な系統だったが、これは二つの墓域からそれぞれ3個体ずつが見つかっているので、あるいは同じ血縁に属する個体同士を見ている可能性がある。また、琉球列島では多数を占める M7a の頻度は、12.5 % とそれほど高くはない。更には、現代の日本列島や琉球の集団に比べて、ハプログループ B も頻度が高いことなどが目に付く。

図4を見ても明らかなように、この遺跡のミトコンドリア DNA ハプログループの構成は、現代の宮崎県の集団に類似している。B4 の頻度が高いことを除けば、基本的には現代の南九州集団と同じだと考えて良い。おそらく中世以降に喜界島や徳之島など奄美群島に移住した集団は、基本的には南九州の農耕民だったのだろう。そこからさらに南の島々に渡った集団もいたはずである。

徳之島で11世紀から14世紀にかけて作られていたカムィヤキという陶器がある。南九州と石垣島までの南西諸島一帯のグスク跡を中心とした遺跡からこの陶器が出土しており、このことから、この時代には南西諸島全域を網羅する交易のルートがあったことが明らかになっている。このような交通網は、当然のことながらヒトの移動を促すことになったと考えられるので、この時期に本格的に農耕が始まる琉球には、徳之島や喜界島などの奄美諸島の農耕民が移住していった可能性がある。ハプログループ D4 を主体とした農耕民が進入し、ハプログループ M7a を主体とした在来集団と混血することで、現代の沖縄の遺伝的な構成が完成したというシナリオが見えてくる。

Ⅲ. おわりに

琉球列島の現代人のゲノムは、本土日本と明確に分離することが知られている（Yamaguchi-Kabata et al. 2008）。このことは、沖縄の集団が本土日本とは異なる形成史を持っていることを示しているが、これまではこの違いは二重構造モデルの枠組みの中で説明されてきた。しかし、本稿では本州の周辺集団として捉えられてきた南西諸島集団の成立については、旧石器時代に遡って、DNA データをもとにした地域の歴史として記載できることを明らかにした。

このように視点を南西諸島に据えることで見えてくる問題がある。それは南西諸島の成立が、本土日本との関係だけでは捉えきれないということ、更には

本土日本以外の集団との交流を考えるためには、南西諸島を中心に据えた集団の変遷のシナリオを作る必要があるということである。4万年にわたる日本列島のホモ・サピエンスの歴史の中で、最初に人骨による直接の証拠が現れるのは、南西諸島である。このことは化石証拠から最初の「日本人」とその後の展開を記述できるのは、この地域だけだと言うことを示している。地理的な関係から、本土日本へ南方からヒトが流入する経路となるこの地域を、周辺として位置付けると、ヒトの流れが見えなくなる。本土日本の集団の成立を考える上でも、南西諸島を中心に据えた集団形成のシナリオを作ることは重要である。

　DNA分析は、従来の化石を元にした研究に比べると、比較にならないほどの精度で、集団の形成のシナリオを描くことができる。特に近年利用が可能になった次世代シークエンサーは、古人骨に残る核ゲノムの分析も可能にしており、ヨーロッパなどでは新たな集団形成のシナリオが描かれるようになっている（たとえばJones et al. 2015）。我々もこの手法を用いた解析を進めており、前述したように伊江島の貝塚時代人骨に関しては既に核ゲノムのデータも取得している。この手法を用いた解析は更に進んでいくことが予想される。

　ここまで見てきたように、琉球列島における古人骨のDNA分析はまだまだ始まったばかりで、解析個体数も多くはなく、集団の成り立ちを解明するに至ってはいない。しかし、今後形態学的な研究と共に、各時代や地域のDNAの情報、とりわけ核ゲノムの情報が蓄積していけば、より詳細な集団の成立史を描くことができるようになるだろう。その時、これまで本土日本との関係だけで語られてきた南西諸島集団の成立の歴史は、広範なアジアの地域集団の移動の歴史の中で語られるようになるはずだ。

注
（1）貝塚時代の年代区分については、貝塚時代前期・中期・後期を使用する研究者もいる。この時代区分に従えば、ナガラ原第3遺跡出土人骨は、貝塚時代中期にあたる（イントロダクション表1参照）。

参考文献
安里進・土肥直美1999『沖縄人はどこから来たか』ボーダーインク：那覇市

沖縄県埋蔵文化財センター調査報告書 2017『白保竿根田原洞穴遺跡 重要遺跡範囲確認調査報告書 2―総括報告編―』沖縄県埋蔵文化財センター：西原町

篠田謙一 2007『日本人になった祖先たち』NHK 出版：東京

篠田謙一 2015『DNA で語る日本人起源論』岩波書店：東京

篠田謙一 2017a「日本人の起源に関する最近の DNA 人類学の動向」『岩波科学』87: 162-165

篠田謙一ほか 2017b「沖縄先史人はどこから来たのか」『岩波科学』87: 555-588

Adachi, N. et al. 2011 "Mitochondrial DNA Analysis of Hokkaido Jomon Skeletons" *American Journal of Physical Anthropology* 146: 346-360

Jones, E R, et al. 2015 "Upper Palaeolithic Genomes Reveal Deep Roots of Modern Eurasians" *Nature Communications* 6: 8912, DOI: 10.1038/ncomms9912

Hanihara, K. 1991 "Dual Structure Model for the Population History of the Japanese" *Japan Review* 2: 1-33

Shinoda, K. 2004 "Ancient DNA Analysis of Skeletal Samples Recovered from the Kuma-Nishioda Yayoi Site" *Bulltin of the National Museum of Nature and Science Series D* 30: 1-8

Shinoda, K. Kakuda, T. and Doi, N. 2012 "Mitochondrial DNA Polymorphisms in Late Shell Midden Period Skeletal Remains Excavated from Two Archaeological Sites in Okinawa" *Bulltin of the National Museum of Nature and Science Series D* 38: 51-61

Shinoda, K. Kakuda, T. Doi, N. 2013 "Ancient DNA Analysis of Skeletal Remains from the Gusuku Period Excavated from Two Archaeological Sites in the Ryukyu Islands, Japan" *Bulltin of the National Museum of Nature and Science Series D* 39: 1-8

Yamaguchi-Kabata, Y et al. 2008 "Japanese Population Structure, Based on SNP Genotypes from 7003 Individuals Compared to Other Ethnic Groups: Effects on Population-Based Association Studies" *The American Journal of Human Genetics* 83: 445-456

コラム3

先史時代以降の沖永良部島

北野堪重郎（和泊町教育委員会）

　沖永良部島（鹿児島県大島郡和泊(わどまり)・知名(ちな)町）は、日本本土から南南西へ飛び石状に連なる南西諸島のほぼ中間地点に位置する。島の大部分が隆起サンゴ礁を起因とする琉球石灰岩層からなる、面積 95 ㎢の低く平らな島である。
　この島の先史時代の遺跡は、中甫洞穴(なかふ)（知名町）の貝塚時代前1期として報告されている連点波状文土器に始まり、神野貝塚（知名町、貝塚時代前4期－貝塚時代後期）、志喜屋武当遺跡(しいきゃんとう)（知名町、貝塚時代前3期－貝塚時代後期）、国指定史跡の住吉貝塚（知名町、貝塚時代前4期－前5期）、友留(ともる)遺跡（知名町、貝塚時代前5期－後1期）、西原(にしばる)海岸遺跡（和泊町、貝塚時代前4期－貝塚時代後1期・後2期）、スセン當貝塚（知名町、貝塚時代後1・2期）などが知られる。
　先史時代に続くグスク時代（11～15世紀頃）の奄美・沖縄諸島では、やがて沖縄島やその周辺離島（奄美諸島南部を含む）において、「グスク」とよばれる拠点的施設が各地に出現し、その前段階の時期に比べ遺跡の様相が一変する。グスク時代以前は、奄美・沖縄諸島で共通または関連する土器群や石器、貝殻や魚・獣の骨でできた漁具・狩猟具・装身具などが出土する。グスク時代に入ると、土器は滑石製石鍋を模倣したグスク系土器のみで、従来の土器群に置き換わって徳之島産カムィヤキや中国産陶磁器が出土し、ほかに北部九州産滑石製石鍋や鍛冶遺構など、社会構造の変化を窺わせるものが目立つようになる。その変化とは、狩猟採集の経済社会から生産経済社会への移行や在地支配者層の出現である。この変化は、沖永良部島においても同様で、同時代の遺跡として知られる世之主(よのぬし)の城跡・友竿(ともぞう)遺跡・後蘭孫八(ごらんまごはち)の城跡（和泊町）からは、グスク系土器・カムィヤキ・中国産陶磁器が、大当(ふうどう)遺跡（和泊町）からは、それらに加え滑石製石鍋・鉄滓・フイゴの羽口が、前当(まえあたり)遺跡（知名町）ではグ

スク時代の鍛冶遺構や溝状遺構が確認されている。また、鍾乳洞が数多く分布するこの島では、知名町の鳳雛洞(ほうすう)の奥部からも同時代の遺跡が発見され、グスク系土器やカムィヤキのほかに、オオムギ（13世紀）とウシ骨（11～12世紀）が厳選的に確認され、農耕に伴う祭祀跡の可能性が指摘されている（新里編 2014）。

現在は鹿児島県に属する沖永良部島であるが、グスク時代後半頃からは次第に琉球色が濃くなり、1609年の薩摩藩琉球侵攻までの間、琉球の影響下に置かれていた。また、島には14～15世紀頃の島主と伝わる「えらぶ世之主」についての伝説が数多く残されており、それによると、えらぶ世之主は、沖縄島北部の今帰仁城を拠点とした琉球北山王の次男とされる。

島には、その世之主を葬ったと伝わる世之主の墓（図1：和泊町、県指定史跡）があり、墓は石灰岩露頭壁に横穴を掘り込み墓室とし、その前面に石灰岩の石積みで囲った二つの庭が配置される。島内には、小規模な石灰岩掘り込み墓が多数点在するが、それらに比べて規模が明らかに大きく特異的で、沖縄諸島で見られる掘り込み墓との類似点も多く、また琉球王国の王陵との類似性も指摘される。地元では、掘り込み墓などのことを「トゥール（バカ）」と呼ぶ。この島にはほかに、比較的規模の大きな庭付きの掘り込み墓として、チュラドゥール・3号墓（和泊町）、アーニマガヤトゥール墓・新城花窪(しんじょうはなくぼ)ニャート墓・屋子母(やこも)セージマ古墳跡・屋者(やじゃ)琉球式墳墓（図2：知名町、4基いずれも町指定史跡）が知られ、現在、和泊・知名両町教育委員会による調査が行われている。それらが造られた時期についての詳細は明らかにされていないが、薩摩藩統治以前でなければ造ることは不可能、との識者の意見が聞かれる。その一方で、出土または墓室内や墓庭で見られる蔵骨器やお供え物の器は、琉球産だけでなく、17

図1　世之主の墓（和泊町）

コラム3　先史時代以降の沖永良部島

図2　屋者琉球式墳墓（知名町）

～19世紀頃の薩摩や肥前産のものが少なくない。薩摩藩統治以降もこれらの墓が使われ続けた証拠である。まだ謎の多い沖永良部島の古墓であるが、このような規模の大きな掘り込み墓が1島内に集中する状況は、奄美群島内でも稀である。今後、沖縄の古墓との比較や島の葬墓制の移り変わりを検討することにより、琉球から薩摩への移行期の沖永良部島や奄美諸島の様相を知る手がかりとなることが期待される（宮城・北野 2017）。

参考文献

新里貴之（編）2014『島嶼地域における洞穴遺跡の基礎的研究　沖永良部島鳳雛洞・大山水鏡洞の研究』鹿児島大学埋蔵文化財調査センター：鹿児島市

宮城幸也・北野堪重郎 2017「沖永良部島の石造墓調査」『第7回葬墓制からみた琉球史研究会～奄美諸島の墓について～』宮城弘樹（編）pp.9-12 沖縄国際大学：宜野湾市

コラム4

徳之島発掘調査の『最前線』

具志堅　亮（天城町教育委員会）

　徳之島の発掘調査成果の最前線として、最初にあげられるのは『面縄貝塚群』の発掘調査である。平成19年～平成27年にかけて、伊仙町教育委員会によって実施された発掘調査は、昭和3年の貝塚発見から、これまで9回実施された発掘調査の成果を踏まえたうえで、詳細な遺跡の規模と性格を総括することを目的に実施された。この調査によって、改めて貝塚時代前1期～貝塚時代後2期までの全時期の文化層や遺構が確認され、各時期の遺跡立地の変遷過程が明らかとなっている。当初、海岸から奥側に位置する洞穴や石灰岩丘陵崖下周辺に遺跡が展開していたものから、時期の推移とともに海側に移行しており、海側へ向けて拡大する砂丘の形成と密接に関係することが指摘されている（新里編 2016）。特に、立地の大きな変化として、貝塚時代前4期になると、面縄川の海側に形成された砂丘上に面縄第2貝塚が展開することが挙げられる。貝塚時代前4期は、奄美・沖縄諸島において、海面に到達したサンゴ礁が海側に広がり、強固な防波構造をつくるとともに、サンゴ礁起源の堆積物による海浜地形が形成される時期にあたる（菅 2014）。面縄第2貝塚が海側に広がった砂丘上に立地し、前の時期に比べると貝類遺体組成において、浅礁湖（イノー）内の貝類遺体の割合が次第に増加する傾向や、脊椎動物組成比較において、サンゴ礁性魚類の比率が増加することから、少なくともこの時期にはすでに現在とほぼ変わらないサンゴ礁地形が出来上がっており、そこから安定的に得られる資源を基盤とした生業が普遍化していったことが読み取れる（注1）。この調査によって貝塚時代における各時期の遺跡立地の変遷と、サンゴ礁地形の成立と砂丘の広がりが対比された意義は大きい。

　平成28年から始まった下原洞穴遺跡（図1、天城町）の発掘調査も、非常に興味深い調査結果が得られている。下原洞穴遺跡は、陥没ドリーネの周縁に

コラム4 徳之島発掘調査の『最前線』

図1 徳之島貝塚時代最古の遺跡の可能性のある下原洞穴遺跡

図2 下原遺跡出土の爪形文土器より古い可能性のある波状沈線文土器群

残った洞穴に立地している。洞穴は西側に向かって開口しており、開口部は幅約27m、高さ1〜5mとなり、奥行きは比較的浅い。下原洞穴遺跡の調査は、徳之島における先史時代人骨の発見を目的として鹿児島女子短期大学と天城町教育委員会によって2度実施されている。遺跡の最上位層のⅠ層から、墓跡2基が検出しており、そこから少なくとも3体以上の先史時代人骨が発見されている。墓跡01からは男女2体の人骨が並んで検出しており、それに供伴して面縄前庭式土器や、ハリセンボンの顎骨製の垂飾品や貝小珠などが出土していることから、貝塚時代前3期頃の埋葬人骨と考えられている。

また、その下層であるⅡ層は、爪形文土器が主体となって出土し、曽畑式土器などがそれに伴って僅かに出土している。Ⅱ層からはこれらの土器に伴って多くの磨製石鏃も出土している。注目されるのは、磨製石鏃が、完成品だけでなく、研磨前の未製品や、磨製石鏃の素材として使用するために、略三角形状に荒加工された剥片が出土していることである。

さらに、磨製石鏃を製作するのに使われたと考えられる、ノミ形石器や楔形石器、石錐、砥石などの各種工具が出土している。磨製石鏃の製作過程における各段階の資料と、その製作に使用する工具が一括で得られている事例は、こ

れまで奄美・沖縄諸島の遺跡において類例がなく、磨製石鏃の製作を示す大きな成果である。

　下原洞穴遺跡の調査成果として最も注目されるのは、爪形文土器が主体的に出土するⅡ層の下層から出土した波状沈線文土器群である（図2）。山形口縁と平口縁が認められ、波状沈線と短沈線がセットで施文されるもので、49点とまとまった点数が出土している。これまでに、ヨヲキ洞穴遺跡（伊仙町）で数点出土しているのみで、ほとんど類例が認められず、新型式の土器と考えられる。現段階の調査結果では、明確に爪形文土器よりも古い土器群として断定することはできないが、徳之島の土器起源を探るうえで貴重な成果が得られている（具志堅2017）。

注
（1）黒住耐二は貝塚時代前2期のサンプルから「非食用種を含め、現在徳之島に生息していない／極めて少ない種は認められなかった」ことから、貝塚時代前2期から海域環境は現在と同様であったとしている。

参考文献
管浩伸 2014「琉球列島のサンゴ礁形成過程」『琉球列島先史・原史時代における環境と文化の変遷に関する実証的研究　研究論文集』　第2集　高宮広土・新里貴之（編）pp. 19-28　六一書房：東京都

具志堅亮 2017「下原洞穴遺跡発掘調査概報」『2017年度沖縄考古学会研究発表会～沖縄の土器文化の起源を探る～』沖縄考古学会（編）pp. 63-72 沖縄考古学会：西原町

黒住耐二 2016「面縄貝塚の貝類遺体（予察）」『面縄貝塚総括報告書』伊仙町埋蔵文化財調査報告書（16）伊仙町教育委員会（編）pp.103-117 伊仙町教育委員会：伊仙町

新里亮人（編）2016『面縄貝塚総括報告書 伊仙町埋蔵文化財発掘調査報告書』(16) 伊仙町教育委員会：伊仙町

樋泉岳二 2016「面縄貝塚から出土した脊椎動物遺体群の特徴と重要性」『面縄貝塚総括報告書』伊仙町埋蔵文化財調査報告書（16）伊仙町教育委員会（編）pp.118-139 伊仙町教育委員会：伊仙町

第4章
奄美の遺跡から出土する貝

黒住耐二（千葉県立中央博物館）

I. はじめに

　奄美諸島はサンゴ礁の成立する熱帯海域に位置しており、約1万年前からおよそ1000年前までの奄美・沖縄諸島の先史時代は貝塚時代と呼ばれ、ヤマト（≒本土）の縄文時代〜平安時代という区分とは異なっている。これは、水田稲作開始がかなり遅く、古墳などの権力者の墓も造られず、平安時代頃まで連続した生活をしていたことなどにもよる。ヤマトの縄文時代に多い貝塚はハマグリなどの内湾干潟の貝類とシカ・イノシシの哺乳類を主体とする狩猟—採集社会だったが、奄美・沖縄諸島ではサンゴ礁の貝と魚が中心で、漁労—採集社会が何千年も続いたのである。貝塚時代には、サンゴ礁の厚質の貝類を様々な製品や交易品として利用しており、私はサンゴ礁という環境（図1）における貝類の利用様式がヤマトとの相違を明確にしていると考えている。
　このような奄美とヤマトの相違を念頭に、実際にどのような貝が遺跡から出土しているのかを、これまで貝類を分析させて頂いた各地の遺跡を元に、その意味するところを紹介したい。

図1　奄美・沖縄のサンゴ礁　左：大島海峡、中：徳之島北西岸、右：沖縄諸島・津堅島。岸から白波の立つリーフまでの距離に注目。この部分がイノーと呼ばれる浅い海で、貝類採集の重要環境

Ⅱ．食用にされた貝類

　奄美の遺跡から出土する食用の貝類では、マガキガイ（とびんにゃー）・タカラ貝類・レイシ類（図2）・ヤコウガイ・シャコガイ類などの現在も好まれている種が主体で、味覚は数千年間、変わらなかったとも言える。地域差も少しは存在し、徳之島・沖永良部島ではオキニシが好まれていた。ただ2000年前頃に中大形の種中心から、小形二枚貝のリュウキュウヒバリガイ中心という変化も認められている。

図2　現在の奄美で食用とされているサンゴ礁の貝類　左：マガキガイ（名瀬市屋仁川、2017年1月）、右：タカラガイ類・レイシ類（和泊町、2012年9月）

1．面縄貝塚の貝類利用変化

　徳之島南部・伊仙町の国指定史跡「面縄貝塚」では、約6000年前から1000年前までの出土貝類が知られている（黒住2016）。時代により調査方法や得られた数に違いがあり、正確な比較は難しいものの、全般的な傾向を把握できる唯一の遺跡である。この遺跡を例に、少し詳しく内容を見てみたい（図3）。
　約6000年前（貝塚時代前2期：以降、貝塚時代を省略）の面縄第3貝塚（図4）では、岸側の潮が引いた時に干上がる潮間帯の岩場にすむカキ（オハグロガキ：図5-4）や小形巻貝のアマオブネ類（図5-3）、砂浜でみられる小形の二枚貝（イソハマグリ：図5-2）が多いものの、白波の立つリーフ（干瀬）

第4章　奄美の遺跡から出土する貝

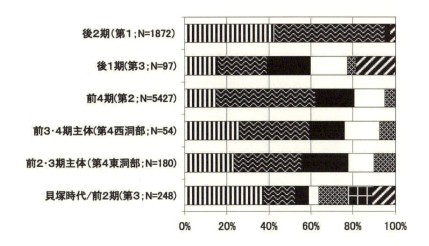

図3　面縄貝塚出土食用貝類の採集場所の変遷

の外側の礁斜面にすむ大形のサザエ、ヤコウガイやサンゴ礁の浅い海域（イノー）のマガキガイ（図2、図5－6）も比較的多かった。また、海岸に打ち上げられたものと考えられたカタツムリや淡水にすむ巻貝・カワニナ類も高い割合を示していた。これらのカタツムリや食用にならない磨滅した小形の海の貝の出土から、この地点では海岸の波打ち際に廃棄の場所が存在したこともわかった。

その後、およそ5500年前から4000年前（前2期～前4期）の面縄第4貝塚からは、イソハマグリも多いものの、イノーの岩の間にすむシャコガイ類（図5－7）・砂地で見られる棘のあるクモガイ（図5－8）、干瀬のチョウセンサザエ（図5－10）も多く発掘されている。

約3500年前（前4期）には、遺跡は海岸砂丘に存在し（面縄第2貝塚）、現在の面縄小学校の場所となっている。ここでは、マガキガイ・シャコガイ類・

クモガイ・ヤコウガイ・チョウセンサザエといったサンゴ礁の中大形貝類が大半を占めている。一方、図3には明示されていないが、この時期には大量のカタツムリが穴（土坑）から確認されている地点もある。

2000年前頃（後1期）には、サンゴ礁の岸側岩礁潮間帯に群生する二枚貝のリュウキュウヒバリ（図5-5）とナガウニ類がほとんどを占めており、イノー内などは少数であった。

2．食用貝類の意味

この面縄貝塚で認められた傾向は、奄美の島々ではおよそ同様なようだ。ただ、1）前2期の宝島の大池遺跡では大形のヤコウガイ（図6）や

図4　面縄第3貝塚の約5500年前の貝類（伊仙町教育委員会保管資料：黒住撮影）

図5　奄美の先史遺跡から出土する主な食用貝類　スケールは1cm（同じスケールは、以下の図でも1cm）

オオツタノハ（図7）が目立つ、2）沖永良部島の前4期の住吉貝塚ではオキニシやシャコガイ類が多い、3）後1期の奄美大島北部の用見崎・マツノトなどの遺跡では、「ヤコウガイ大量出土遺跡」と呼ばれるようにヤコウガイが多いものの、数としてはリュウキュウヒバリ・コウダカカラマツなどの小形の種が優占する、などの細かな違いが認められている。用見崎遺跡では、小形巻貝のアマオブネ類の2種において（図8）、アマオブネでは殻が割られていることは稀であったが、ニシキアマオブネでは多くの個体が割られていた。両種で身（＝肉）の取り出しにくさが変わることは考えられないことから、前種は"ダ

第4章　奄美の遺跡から出土する貝

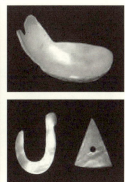

図6　奄美の遺跡に多いヤコウガイとその製品（復原品）　左：殻とフタ、右上：ヤコウガイ貝匙状製品、右下：ヤコウガイ製釣針と貝鏃

図7　トカラ列島に多く生息し、先史時代に貴重な貝輪として利用されたオオツタノハ

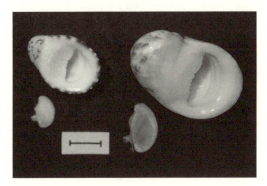

図8　同じ仲間で、食用式が異なっていたアマオブネ類　左：アマオブネ、右：ニシキアマオブネ

シ的"に利用され、後種は身を食べることが主目的だったのではないかと考えており（黒住1995）、細かく検討すると、同じような貝でもその食用としての利用の仕方に違いが想定されることもある。

　奄美諸島と沖縄諸島の遺跡と比較すると、サンゴ礁の貝類を利用する遺跡が大部分を占める点はよく似ている。ただ沖縄ではイノーが発達すること（図1右）によりマガキガイやシャコガイが優占することが多く、また干瀬のチョウセンサザエやサラサバテイラ（図5－11）も多く出土する。一方、約5000年前から奄美の遺跡では大形のヤ

コウガイが見られ、ヤコウガイは前4期の面縄第2貝塚でも目立つ。同時期の沖縄ではヤコウガイが多いということはなく、面縄第2貝塚の貝類組成は沖縄では時代が下る後1期と同じともいえる組成であった。この違いは、なぜなのかはわかっていない。他にも、喜界島の約4500年前頃と思われる荒木貝塚で、土器などの人工遺物を全く含まないカワラガイ（図9）という二枚貝を中心とした厚い"貝塚"が知られている。このカワラガイはサンゴ礁の藻場潮間帯に生息し、現在の喜界島ではほとんど見られず、その生息環境も極めて少なく、過去にこの種が大繁殖できる干潟が一時的にできたことを示していると考えられる（黒住2008）。

図9　喜界島・荒木貝塚で謎の貝塚を形成していたカワラガイ

図10　現在のシャコガイ類を採集する道具

なお、カワラガイは体内に共生藻類を持って、その光合成産物を利用するというシャコガイ類と同じ特異な性質を持っている。

　またシャコガイ類（図5-7）はサンゴ礁の岩に潜っていたり、側面にしっかりと足糸で付いており、現在ではハンマーやタガネ等を用いて（図10）、周囲の岩を壊して採集される。しかし、金属のない先史時代にはタガネの機能を有する特殊化した石器は知られていないようであり、どのような道具を用いたのかは謎である。そして、採集効率が極めて悪いと考えられるシャコガイ類を選択しているということは、先史時代において"食べられれば何でも良い"と

いうような生活は想定しづらく、むしろ"余裕のある"時間を持っていたことを示していると考えている。

奄美・沖縄の琉球列島におけるサンゴ礁の形成は、重要で興味深い問題である。現在でもヤコウガイをはじめシャコガイ類・クモガイなどは、生物学的には亜熱帯の紀伊半島以南に分布するが、個体数が多くみられるのはやはり奄美以南の亜熱帯海域である。このことから、かなり古い時代から人々が貝類を採集できるような現在と同じようなサンゴ礁が各地に形成されていたと、遺跡出土貝類からは推測できるのである。

これまで見てきたように、サンゴ礁を利用して、安定した漁労—採集社会を続けてきた奄美も平安時代末頃には、穀類農耕社会に劇的に変化した（高宮・伊藤 2011）。ただ残念なことに、この時代から貝類が多く残っている遺跡はほとんど見られなくなる。私は、沖縄においては支配者層の確立とそれに伴う田畑での農耕に従事させるための"強制"の結果だと想定して（黒住 2014）、データを蓄積中であるが、奄美では未だこの変革期の貝類の状況は明らかにできていない。

Ⅲ．貝の製品

奄美・沖縄の先史時代では、最初に述べたように、サンゴ礁の厚質の貝殻を様々に利用した文化が花開いた（島袋 2004；山野 2014）。貝の腕輪や装飾品、あるいは網の錘など、様々に用いられている。図7に示したオオツタノハで作られた腕輪は、先史時代の奄美・沖縄とヤマトの両地域で、一つの遺跡から数個程度しか出土せず、異なった地域から運ばれてきた"貴重品"として良く知られている。約8700年前の佐賀県・東名（ひがしみょう）遺跡からの出土がオオツタノハ貝輪の最古の例で、オオツタノハの主な生息地は奄美の北に位置するトカラ列島であり、古い時代から南北へ移動したと考えられる。奄美では、名瀬市の長浜金久（ながはまかねく）遺跡で大量のオオツタノハ貝輪片が発掘されており、当時の加工地だったことも想定されている。

ここでは、奄美に特徴的な2種の貝類について簡単に紹介したい。

1．ヤコウガイ

　奄美の遺跡に特徴的な貝類としてヤコウガイが挙げられ、この貝で作られた実用品でない貝匙も多数出土している（図6－左）。6～9世紀には、奄美大島北東部のいくつもの遺跡から本種が大量に出土し、螺鈿の原材料として貝殻が他地域へ運ばれたヤコウガイ交易が想定されている（木下 2000；高梨 2005）。その搬出先はヤマトと中国という2説があるが、両者とも未だヤコウガイを利用した実物がほとんど確認されておらず、まだ実証には至っていないと考えている。さらに、この交易が10～12世紀頃まで続き、カムィヤキという11世紀頃に徳之島に突然出現する焼き物を得るための対価がヤコウガイであるという想定もある。しかし、ヤコウガイが交易品として利用されたとすると、遺跡に残されるはずの大量のフタが出土する10～12世紀の遺跡が存在するはずだが、そのような遺跡は現在までのところ知られておらず、10～12世紀の交易に関しては今後の検討が必要であろうと思っている。この点に関しては、当時のカムィヤキが大量に出土している喜界島で興味深い遺跡が見つかるかもしれない。

　その他にも、ヤコウガイの殻を薄く磨いて、釣針や三角形の製品（鏃）なども知られているが（図6－右）、その出土数は極めて少ない。徳之島の犬田布貝塚から出土した釣針は、奄美・沖縄で、この1点のみである。多くの場合、実用品ではなく、真珠光沢を有する意識した"装飾品"と捉えられるのではないだろうか。

2．ツノガイ類

　小さな貝殻であるが、筒状の貝殻を持つ海産のツノガイ類はネックレスとして利用されたと考えられ、奄美の遺跡で興味深い出土をしている。面縄貝塚では、約6000年前には太さが8 mmくらいのマルツノガイ類が、新しい2000年前頃には直径2 mm程の細い種が得られている（図11）。太いマルツノガイ類（図11－1、2）は通常海岸に打ち上げられる水深にはすんでおらず、化石が用いられたと考えている。奄美大島の宇宿貝塚や沖縄の古い時代には、この太い化石マルツノガイ類が各地で利用はされていたが、まだ化石産地は明らかに

第4章 奄美の遺跡から出土する貝

図11 ネックレスに使われたと考えられる筒形のツノガイ類 1,2:化石の可能性が高いマルツノガイ類（奄美市歴史民俗資料館所蔵）、3：面縄第2貝塚のナガウニ片、4：同貝塚のリュウキュウヒバリ、5：サケツノガイ等の細いツノガイ類、6,7：打ち上げられたイモガイ類の螺塔部を利用した玉（伊仙町教育委員会保管資料：黒住撮影）

なっていない。一方、細いツノガイはサケツノガイなどを利用しており、これらの種は現在の奄美の海岸でも良く見られる。弥生時代〜古墳時代の種子島・広田遺跡の人骨の周りに細いツノガイ類が多数確認され、ネックレスとしての利用が確認されている（桑原 2003）。面縄貝塚では、この細いツノガイ類（図11 − 5）とイモガイ類の螺塔部（図11 − 6、7）が同じ堆積物（＝土壌）サンプルから抽出され、これらがネックレスとして一緒に使われていた可能性も想定された。細いツノガイ類は、沖縄諸島の同時期の遺跡（具志川島遺跡群など）でも確認されており、もしかすると広田遺跡と同じ細いツノガイ利用の文化が共有されていたのかもしれない。さらに食用優占種のナガウニ類（図11 − 3）やリュウキュウヒバリ（図11 − 4）には砂粒などが付着していたものの、ツノガイ等には泥は付いておらず、光沢を持っていた。もしかしたら装着していたことに起因する人の脂などの影響なのかもしれない。

IV．カタツムリが示す過去の環境

　貝塚の土壌を注意深く処理すると、食用ではない数mmの小さなカタツムリも抽出することができる。カタツムリは陸にすむ貝類で、移動性が極めて小さく、種によって主に乾燥に対する耐性の違いから、すんでいる環境が微妙に異なっている。土壌中のカタツムリの種と量の組成から当時の遺跡周辺の環境を復元することができる。植物の花粉を用いて過去の環境を調べる花粉分析は

比較的良く知られているであろう。そのカタツムリ版とも言える。花粉分析は過去の環境を復元することに多くの地域で成功しているが、亜熱帯気候下の奄美では、砂丘などに形成された遺跡では花粉は分解されてしまい、花粉分析は実施されているものの、良好な成果はほとんど得られていない。また、花粉はかなり広く飛散するために、遺跡のある地点の細かな環境を復元することも困難なのである。一方カタツムリは、貝塚やサンゴ礫などの堆積している場所でも残ることが多く、また移動性が小さいために、遺跡の地点ごとの違いを示すことができるという特質も持っている。

1．トマチン遺跡出土のカタツムリ

　奄美での興味深い例として、徳之島南部・伊仙町のトマチン遺跡の例を示そう（黒住 2013）。この遺跡は約 2500 年前のもので、砂丘上に3段の石棺墓があり、墓の外側には土器や貝などの遺物を含む包含層がある（図 12 - 左）。石棺墓と墓域外の地点は 5 m 程離れているだけで、極めて近い位置にある。墓域のカタツムリの組成を見てみると（図 13 - 左）、下部ではキカイノミギセルとスナガイが目立ち、最上部ではスナガイがほとんどを占めていた。一方、墓域外では（図 14 - 左）、下部にはスナガイが多く、上部になるに従いオオシマヤマタニシやキカイノミギセルが増加している。これらのカタツムリを乾燥に対する耐性で、湿った林内に生息する種（林内生息種）、少し乾燥する林の縁にすむ種（林縁生息種）、乾燥することの多い開けた開放地に見られる種（開放地生

図 12　トマチン遺跡と周辺の環境　左：石棺墓の発掘状況（鹿児島大学・新里貴之氏提供）。写真奥が墓域外の地点。右：トマチン遺跡下の海岸から遺跡側を見る。遺跡は木立が水平になっている高さに立地

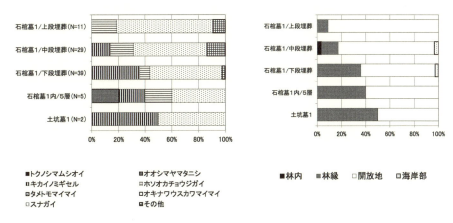

図13 トマチン遺跡の墓域から得られたカタツムリの変遷　左：種組成、右：生息場所の組成

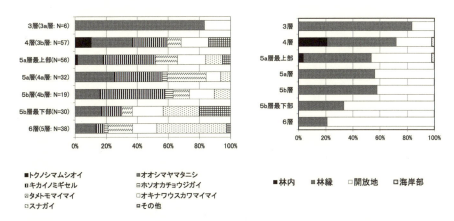

図14 トマチン遺跡の墓域外から得られたカタツムリの変遷　左：種組成、右：生息場所の組成

息種）および海岸部に生息する種（海岸部生息種）と4つのグループに分け、その割合の変化を示した。石棺内では（図13-右）、最下部で林縁生息種と開放地生息種がおよそ半数ずつであったものが、上部になるに従い、開放地生息種が増加していく傾向が明瞭であった。逆に、墓域外では（図14-右）、最下部で開放地生息種が卓越していたものが、林縁生息種が増加していた。つまり、墓域と墓域外で、林の在り方が全く逆になっていた訳である。カタツムリから

表1　徳之島伊仙町のトマチン遺跡から得られたカタツムリ類

	生息場所	固有性	遺跡周辺での生息（推定を含む）	現在の徳之島での生息状況
マメヒロベソマイマイ	林内	固有種	●?	●
トクノシマムシオイ	林内	固有亜種		●
カサマイマイ	林内	固有亜種		●
クサレギセル	林内	固有亜種		●
オオシマキセルモドキ	林内	（奄美固有亜種）	●?	●
トクノシマヤマタカマイマイ	林内	（奄美・沖縄固有種）	●	●
チリメンマイマイ	林縁	固有種	●	●
オオシママイマイ	林縁	（奄美固有種）	●	●
キカイノミギセル	林縁	（奄美固有種）	●?	●
オオシマヤマタニシ	林縁	（奄美固有亜種）	●	●
オカチョウジガイ	林縁		●	●
カトウナタネ類似種	林縁		●?	●?
タメトモマイマイ	開放地	（奄美固有種）	●	●
オキナワウスカワマイマイ	開放地	（奄美・沖縄固有亜種）	●	●
ホソオカチョウジガイ	開放地		●	●
ヒメベッコウ属類似属	開放地		●?	●?
ノミガイ	開放地/海岸林		●	●
スナガイ	開放地/海岸林		●	●
ウスイロヘソカドガイ	海岸部		●	●
サツマクリイロカワザンショウ	海岸部		●	●
アマミクビキレ	海岸部		●	●

●：生息、？は不確実/正確な記録なし.

植物の樹種を特定することはできないが、遺跡形成時には人の活動があり、少し林を伐採するなどして、林の縁に位置する開けた環境であったものが、墓域外では林が回復してきたのに対し、石棺墓の場所では伐採などを行い樹木の生育を止めていたことがわかる。このことから、墓地という空間を管理していた姿が浮かぶのである。

　このトマチン遺跡からは、21種類のカタツムリが確認された（表1）。この中には、世界中で徳之島にしか生息していない固有種のマメヒロベソマイマイやチリメンマイマイも含まれている。ただ、この2種は島内に広く分布し、現在の遺跡周辺にも見られる。さらに、奄美大島のものと少し異なった亜種レベ

第4章　奄美の遺跡から出土する貝

図15　奄美諸島に特徴的なカタツムリの例　1：クサレギセル（徳之島の固有亜種）、2：キカイキセルモドキ（島嶼間外来種の可能性のある種）、3：エラブマイマイ（20世紀後半に生きた個体が見つかった沖永良部島の固有種）

ルで徳之島の固有亜種とされている種には、トクノシマムシオイ・カサマイマイ・クサレギセル（図15－1）があり、これらの種は森林内にすむ種で、現在の遺跡周辺には見られない。クサレギセルは現在では、井之川岳のような照葉樹の自然林が残存している地域にのみ生息している。つまり当時の遺跡周辺の林は、現在の井之川岳にも近いような人間の改変が大きくなかったことを示している。そしてトマチン遺跡は、図12－右に示すように、現在の海岸に位置しており、当時は海岸まで自然林が連続して存在していたこともわかる。なお、当時の海面はほとんど現在と変わらないことは確実であり、海岸線が数百mも沖合にあったということは考えられない。

2．カタツムリの示す奄美の環境

　トマチン遺跡から自然林に生息するカタツムリが現在の海岸部にも生息していたという例と同様な現象は、数千年前の沖永良部島・住吉貝塚でも確認されている。この遺跡からは、沖永良部島の固有種・エラブマイマイ（図15－3）を含む沖永良部島の固有カタツムリが多く出土している。やはり住吉貝塚も海岸の崖上に位置する遺跡であり、同様な自然度の高い森林環境が連続していたことがわかる。エラブマイマイは1904年の新種記載当時には生きた個体は知

られておらず、1973年に初めて島の中央部で自然林が残る大山で生きた個体が確認され、森林伐採による自然林の減少を物語っている証人とも言える。

　一方で、先史時代から奄美諸島の各島の間には人の往来はあった訳であり、様々な物資に紛れて、意図せず持ち込まれたと考えられる生き物もいたはずである。現在の表現だと、"島嶼間外来種"とでも言うことになろう。その例と考えられる種に、現在は沖永良部島を含めた奄美諸島のいくつかの島に生息するキカイキセルモドキがある（図15-2；クサレギセルなどのキセルガイ類が左巻きなのに対して、キセルモドキ類は右巻き。それで、「煙管擬き」の名がつけられた）。この種は、今では数が激減しているが、最近まで沖永良部島には広く、そして多数生息している。しかし、前述の住吉貝塚からは、エラブマイマイのような自然林に生息する種から海岸部にすむ種までが見つかっているにもかかわらず、キカイキセルモドキは得られなかった。キカイは喜界島のことであり、喜界島が本来の生息地だとは特定できないが、他の島から沖永良部島に持ち込まれた可能性も想定される。持ち込まれたとすれば、今後の様々な時代の詳細な遺跡発掘調査により、キカイキセルモドキが沖永良部島へ持ち込まれた時代が特定できるかもしれない。つまり、数千年前からの、人によるモノの動きや人間活動、さらには人による自然環境の改変も、遺跡から出土するカタツムリによって捉えられる場合もあるのだ。

　奄美諸島は2017年に国立公園に指定され、さらには奄美を含む琉球列島を世界遺産登録にと努力が続けられている。カタツムリは移動能力が低く、島ごとに隔離され、固有化が進む生物であり、"世界にここにだけ！"という貴重なものなのである。そのことを先史時代からの人間活動とともに、環境変化を示せるという良い指標になる生物だということも知って頂ければ嬉しい限りである。

謝辞

　今回のシンポジウムおよび本稿は、鹿児島大学・熊本大学をはじめ奄美地域の各市町村の埋蔵文化財関係者の方々から、発掘現場・資料を拝見させて頂いている結果です。日頃から、発掘調査において様々な面で大変な努力を払われている関係者の方々に、この場を借りてお礼申し上げたい。

引用文献

木下尚子 2000「開元通宝と夜光貝─7～9世紀の琉・中交易試論─」『高宮廣衛先生古希記念論集琉球・東アジアの人と文化（上巻）』高宮廣衛先生古希記念論集刊行会（編）pp. 187-219 高宮広衛先生古希記念論集刊行会：浦添市

黒住耐二 1995「貝類遺存体」『用見崎遺跡　笠利町文化財調査報告　20』笠利町教育委員会（編）pp. 34-43 笠利町教育委員会：笠利町

黒住耐二 2008「和早地遺跡および荒木貝塚出土の貝類遺体」『荒木貝塚および和早地遺跡　鹿児島県立埋蔵文化財センター発掘調査報告書119』鹿児島県立埋蔵文化財センター（編）pp.57-66 鹿児島県立埋蔵文化財センター：霧島市

黒住耐二 2013「トマチン遺跡出土の貝類遺体」『徳之島トマチン遺跡の研究』新里貴之（編）pp. 186-196 鹿児島大学：鹿児島市

黒住耐二 2014「貝類遺体からみた沖縄諸島の環境変化と文化変化」『琉球先史・原史時代における環境と文化の変遷に関する実証的研究　研究論文集　第2集　琉球列島先史・原史時代の環境と文化の変遷』高宮広土・新里貴之（編）pp. 55-70 六一書房：東京

黒住耐二 2016「面縄貝塚の貝類遺体（予察）」『面縄貝塚群　総括報告書　伊仙町埋蔵文化財発掘調査報告書16』伊仙町教育委員会（編）pp.103-117 伊仙町教育委員会：伊仙町

桑原久男（編）2003『種子島　広田遺跡』鹿児島県歴史資料センター黎明館：鹿児島市

島袋春美 2004「貝種別にみる奄美・沖縄諸島の貝製品」『考古資料大観　第12巻　貝塚後期文化』高宮廣衞・知念勇（編）pp. 223-230 小学館：東京

髙梨修 2005『ヤコウガイの考古学』同成社：東京

高宮広土・伊藤慎二（編）2011『先史・原始時代の琉球列島～ヒトと景観～』六一書房：東京

山野ケン陽次郎 2014「先史琉球列島における貝製品の変化と画期─貝製装飾品を中心に─」『琉球先史・原史時代における環境と文化の変遷に関する実証的研究　研究論文集　第1集　琉球列島の土器・石器・貝製品・骨製品文化』新里貴之・高宮広土（編）pp.277-291 六一書房：東京

コラム5

モノづくりの島
―― 古代〜中世の喜界島 ――

野﨑拓司（喜界町埋蔵文化財センター）

　喜界町では平成14年の城久(ぐすく)遺跡群の調査開始を皮切りに、圃場(ほ)整備事業に伴う発掘調査を続けている。現在までに城久地区、手久津久(てくづく)地区、荒木中央地区の調査を行っており、南西諸島内で初となる重要な成果が次々と得られている。

　城久地区では、約13万㎡にわたって平安時代末〜室町時代頃の遺跡が広がっており、大規模な集落跡が台地上に広がっていることを確認した。ここから出土した遺物の質・量は南西諸島内で突出しており、交易・交流の要所であったことが分かっている。

　それでは、ここでどのような人々が生活をしていたのだろうか。考古学はお茶碗や鍋など生活に使用したモノに基づいて論証していくため、何を食べていたのか、どのような服を着ていたのかなど形に残らないものは非常に難しい部分である。そこで、土壌サンプリングを適宜実施し、目に見えない微細な分析や、出土人骨から抽出したコラーゲンの炭素・窒素安定同位体比を用いてどのような食生活を行っていたのか復元する試みを行うこととした。ウォーター・フローテーション法を用いた土壌の分析からは、4000点以上の種子が得られ、それらの中にはオオムギ・コムギ・イネ・アワなどの栽培植物が含まれていた。遺跡内においては、これらの栽培植物を主な植物食として利用していることが明らかになっている（表1）。傾向としては時代が新しくなるにつれて、イネからオオムギへ主体が移るようである。

　栽培植物が生産されていた場所は城久地区ではほとんど確認できていないが、手久津久地区、荒木中央地区ではそれに類するような遺構を確認している。手久津久地区崩(くず)リ遺跡では平成24年の調査区で長さ5m前後、深さ5〜8

コラム5　モノづくりの島 ―古代～中世の喜界島―

表1　喜界町内遺跡出土主要栽培植物一覧

主な時代	遺跡名	サンプル量 (ℓ)	イネ (粒/片)	オオムギ (粒/片)	コムギ (粒/片)	ムギ類 (粒/片)	アワ (粒/片)
11世紀～12世紀	山田中西Ⅱ	77.5	4	4	2	0	1
	山田半田	394.5	96	8	2	10	18
	小ハネ	315.5	9	29	12	17	20
	前畑	382.2	6	12	0	24	16
	大ウフ	234.69	95	22	13	11	62
	崩リⅠ	229.16	0	4	4	7	1
13世紀～15世紀	大ウフ	619.2	101	426	114	100	99
	中増Ⅰ	145.25	1	38	0	2	7
	崩リⅠ	311.5	1	59	4	25	2

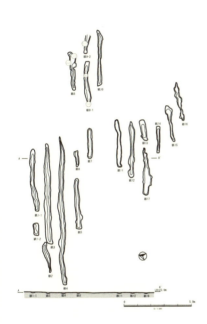

図1　崩リ遺跡 畝状遺構

図2　崩リ遺跡出土 製鉄関連遺物

図3　ケブラノコシ遺跡 畝状遺構

cmで等間隔に並ぶ溝状遺構が見られた（図1）。周辺遺構との重複関係から、11世紀後半以前に作られたものと推定される。この周辺は調査当初から畝ではないかと推定し、サンプル土を取りながら調査にあたったが、フローテーシ

ョンの結果は同定不可の炭化物3片のみであり、出土物からは具体的な性格が判然としない状況である。

　また、崩リ遺跡の特徴として、12世紀代の鉄滓・炉壁が多数出土したことがあげられる（図2）。それらは鉄を生産するときに出土するもので、喜界島で製鉄が行われたことを示すものであった。南西諸島では喜界島のみで見つかっている。この頃、南西諸島南側の沖縄本島では琉球王国が成立しようとしている所であり、グスクの構築や農耕の普及など鉄の必要性が非常に高まっている時期に当たる。喜界島で生産されていた鉄はそれらと連動する可能性が非常に高いと考えられる。

　荒木中央地区ケブラノコシ遺跡でも崩リ遺跡と類似するような溝状遺構を平成28～29年の調査で確認しており（図3）、今後の成果が期待される。

第5章
遺跡出土脊椎動物遺体からみた奄美・沖縄の動物資源利用

樋泉岳二（早稲田大学）

Ⅰ．はじめに

　奄美・沖縄の遺跡の特徴のひとつとして、多くの遺跡から脊椎動物、つまり魚類や鳥獣類などの骨が出土することが挙げられる。これらの骨はかつての自然環境や人びとの暮らしを調べるための重要な手がかりとなっており、現在その分析に基づいて、約7500年前（貝塚時代初期＝本土の縄文時代早期後半）から近世にいたる魚骨・鳥獣骨類の変遷が明らかにされつつある（西中川2011；2015；樋泉 2002；2006a；2011；2014a など）。ここではそうした研究の成果に基づいて、奄美・沖縄の自然環境と動物資源利用の歴史を探ってみよう。

Ⅱ．琉球列島における脊椎動物遺体の変遷

　図1〜2は沖縄諸島と奄美群島の遺跡から出土した魚骨・鳥獣骨類（ピックアップ資料。注1）のデータを集め、その組成（種類と割合）を時代順（下が古く上が新しい）に並べたものである。これらのデータに基づいて貝塚時代初期から近世にいたる脊椎動物相の変遷を分析した結果、その様相に明確な時代変化がみられることが明らかになってきた。つまり、貝塚時代の古い段階では出土骨のほとんどがイノシシの骨であるが、やがて魚の占める割合が増加し始め、その後魚を中心としてイノシシがある程度の割合で加わるというパターンが長期間にわたって継続する。ところがこの安定した様相がグスク時代に入ると一転し、魚が減少するとともに、それまでみられなかったウシなどの飼育動物が急激に増加するのである。

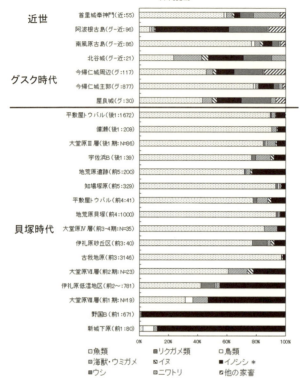

図1 沖縄諸島における脊椎動物遺体群の組成の変遷

ピックアップ資料。最小個体数（MNI）比。グスク時代以降のイノシシは「ブタ」と記載されているものも含む。（ ）内は年代：MNI総数。前1～前5：それぞれ貝塚時代前1～前5期、後1～後2：それぞれ後1～後2期、グ：グスク時代、近：近世

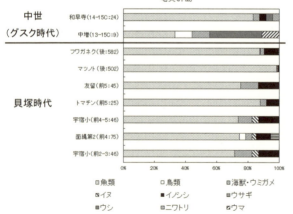

図2 奄美群島における脊椎動物遺体群の組成の変遷

ピックアップ資料。最小個体数（MNI）比。（ ）内は年代：MNI総数。前1～前5：それぞれ貝塚時代前1～前5期、後：後期

第5章　遺跡出土脊椎動物遺体からみた奄美・沖縄の動物資源利用

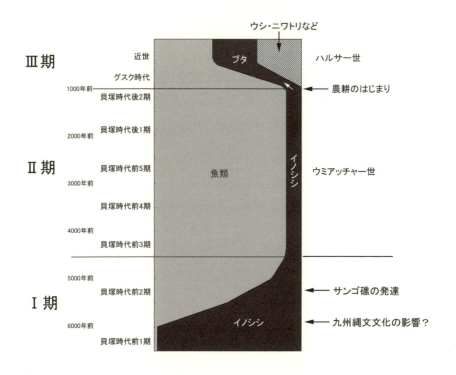

図3　奄美・沖縄における脊椎動物利用の歴史的変化を示す模式図
「ウミアッチャー世」は沖縄方言で「ハマ仕事をする人の時代」、「ハルサー世」は同じく「野良仕事をする人の時代」を意味する

こうした動物骨の出土パターンの変化を模式化して表したのが図3である。ここでは動物資源利用の様相を大きく3つの時代に区分し、イノシシ猟から漁労への転換期（7500年前〜5000年前ころ＝考古学的な時代区分でいう貝塚時代前1〜前2期。注2）をⅠ期、漁労を主体としてイノシシ猟が加わる安定した時代（5000年前〜10世紀ころ＝貝塚時代前3期〜後期）をⅡ期、それが崩れて漁労が衰退し、飼育動物が急速に増加する時代（グスク時代〜近世）をⅢ期とした。以下ではそれぞれの時代の特徴について詳しくみていこう。

Ⅲ．約 7500 年前～ 5000 年前（貝塚時代前 1 期～前 2 期）― Ⅰ期

　まずこの時代の前半に相当する前 1 期の様相をみると、沖縄諸島の遺跡（野国貝塚・新城下原第二遺跡など）では出土する骨の大部分がイノシシで占められており、魚骨がごく少ない点が特徴である。このことから、この時代にはイノシシ狩猟が活発に行われていたのに対し、魚類の利用はごく低調であったと推定される。魚類の内容については資料が少ないので不明確だが、サメ類や大型アジ類といった回遊魚類や内湾性のクロダイ属が目立つ傾向にあり、サンゴ礁周辺の魚類が少ない点が特徴である。このことから、この時代にはサンゴ礁がまだ発達過程にあった可能性がある。

　奄美群島では前 1 期のデータが少なく様相は明確でないが、沖永良部島の中甫洞穴遺跡（西中川 2011；松元 1985）ではイノシシが大半を占めており、魚骨はまれである。この遺跡は海から離れた洞窟遺跡であるという点も考慮する必要があるが、沖縄との類似性を示唆する事例として注目される。

　この時期になぜ魚類がほとんど利用されないのかについては説明がむずかしい。この時期の代表的な遺跡で大量のイノシシ骨を出土した沖縄島中部西岸の野国貝塚群 B 地点では、サンゴ礁の礁池に生息するマガキガイをはじめとする貝類も多く出土していることから、周囲にある程度の規模のサンゴ礁環境が存在していたと推定されており（黒住 2002）、魚類が捕獲できないような環境条件であったとは考えにくい。こうした状況からみて、この時期には魚類を捕獲する技術が未発達であったか、あるいは魚類を忌避するような精神文化が関与していた可能性なども考えられるが、詳細は今後の課題である。

　これに対し、6000 年前ころを境として魚類の利用が急に活発化するようになる。Ⅰ期の後半に相当する前 2 期の様相をみると、沖縄諸島では伊礼原遺跡や大堂原遺跡において魚骨の増加が明確に確認されている（図 1）。奄美群島の徳之島面縄第 3 貝塚（樋泉 2016）でも、出土資料数が少ないため不確実ではあるが、イノシシと魚類が混在しており、なおかつ後の時代よりもイノシシが優勢である点で、伊礼原遺跡や大堂原遺跡と類似した傾向を示しているように思われる。さらに、やや後続すると思われる奄美大島の宇宿小学校構内遺跡

第5章　遺跡出土脊椎動物遺体からみた奄美・沖縄の動物資源利用

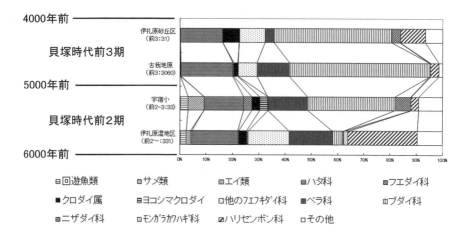

図4　貝塚時代前2〜前3期における魚類組成の変遷
ピックアップ資料。最小個体数（MNI）による。回遊魚：カマス・ダツ・アジ類・サワラ・マグロ類？

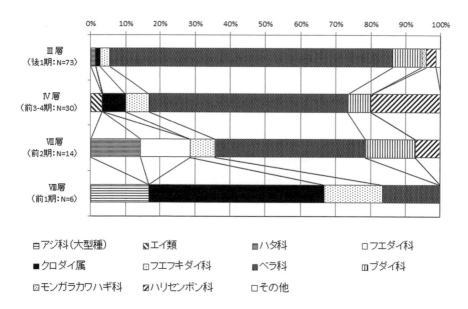

図5　大堂原貝塚における魚類遺体群の組成変遷
MNI比。V層・VI層は資料数が少ないため除外した

（前2〜前3期）ではイノシシよりも魚類が卓越するようになる。このように、Ⅰ期における沖縄諸島と奄美群島の脊椎動物資源利用の動向は連動した変化を示している可能性が高い。

　魚類の内容をみると、伊礼原遺跡では波静かな場所に多くみられるハリセンボン科や内湾砂底域に多いフエフキダイ科・ベラ科が多く、大堂原貝塚でもベラ科が多い（図4、図5）。面縄第3貝塚ではサメ類がやや多くみられる点が特徴で、時代はややずれるが沖縄の前1期遺跡（野国貝塚B地点など）に類似した様相といえるかもしれない。いずれにしても、Ⅱ期の遺跡で多くみられるブダイ科などのサンゴ礁域の魚が全体的に貧弱であるという点では、基本的に前1期と同傾向とみてよいだろう。

　この時期に魚類の利用がなぜ急に活発化するのか、その原因は今のところ明らかでないが、地理学的な研究では約6000年前以降に現在のような礁嶺を伴うサンゴ礁が成立したと推定されており（菅 2014）、これが魚類利用の活発化の一因となっていた可能性がある（図3）。ただし、サンゴ礁の成立（礁嶺の海面到達）年代には地域によって6000〜4000年前とかなりの時間差がみられること、上記のとおりサンゴ礁の魚の出土量が乏しいこと、また大堂原貝塚の地質層序や貝類遺体の分析結果ではこの時期の沿岸環境に大きな変化は認められないこと（樋泉 2014a）など、魚類利用の活発化とサンゴ礁の発達との関係にはかみ合わない点も多く、両者が具体的にどの程度関連しているかはいまだに明確でない。

　いっぽう、このころに漁労を盛んに行っていた九州縄文人の影響が奄美・沖縄に強く及んでくる。伊礼原遺跡と大堂原貝塚では、いずれも九州からもたらされた曽畑式土器やそれを模倣して作られた土器が出土しており、さらに魚骨が増加し始めるのがちょうどその時期であることからみて、九州縄文人との接触が魚類利用の活発化の引き金となったのではないか、というのが筆者の仮説である（図3）。この説は現時点では想像の域を超えるものではないが、今後の重要な課題として追究していきたいと考えている。

第5章 遺跡出土脊椎動物遺体からみた奄美・沖縄の動物資源利用

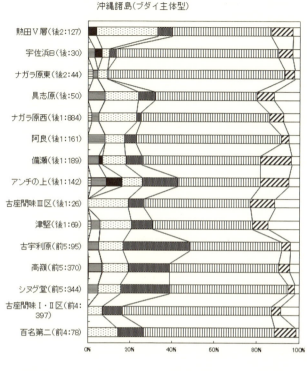

図6 沖縄諸島における貝塚時代前期〜後期における魚類組成の変遷（ブダイ主体型）

ピックアップ資料。最小個体数（MNI）による。回遊魚：カマス・ダツ・アジ類など

IV. 約5000年前〜10世紀（貝塚時代前3期〜後期）—II期

　貝塚時代前3期（5000年前ころ）以降には、奄美・沖縄の全域で魚類がさらに増加するとともに、魚類の内容もサンゴ礁やその周辺に生息する魚類が主体となる。以後、こうしたサンゴ礁域での漁労とイノシシ猟を中心とした様相が後2期までの3000〜4000年間にわたって非常に安定した様相で継続する（図1〜図3）。この時代には遺跡の立地や貝塚形成・貝類組成など、生業に関わるさまざまな面で大きな変化がみられるが、骨類の内容にはこれらに対応する変

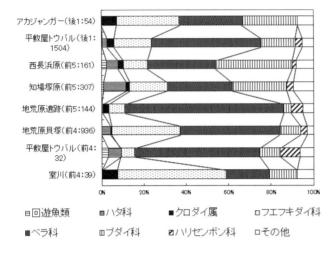

図7 沖縄諸島における貝塚時代前期～後期における魚類組成の変遷（ベラ・フエフキダイ主体型）

ピックアップ資料。最小個体数（MNI）による。回遊魚：カマス・ダツ・アジ類など

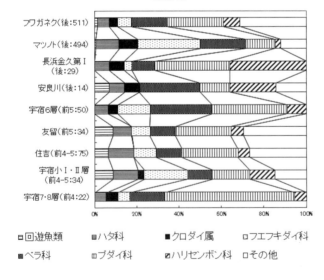

図8 奄美群島の貝塚時代前期～後期における魚類組成の変遷

ピックアップ資料。最小個体数（MNI）による。回遊魚：アジ類・スマ？・マグロ類似種など

化は認められないことから、魚類や鳥獣類の利用はこの期間を通じて大きく変化することはなかったと推定される。このような安定性あるいは保守性は、この時代の動物資源利用の大きな特質である（樋泉 2011）。

　出土する魚の種類をみても、遺跡付近の海岸環境などに応じた地域性はみられるものの、ブダイ・ベラ・フエフキダイ・ハタなどをはじめとするサンゴ礁域やその周辺に生息する魚類が大半を占める点では共通している（図6～図8）。とくに前2～3期の宇宿小学校構内遺跡や前3期の古我地原遺跡・伊礼原遺跡ではサンゴ礁との結びつきが深いブダイ（とくにアオブダイのなかま）が突出した比率を示すようになり（図4）、以後の沖縄サンゴ礁域の遺跡にみられる基本パターン（図6）が成立してくる。出土魚類からサンゴ礁環境への適応の深化が示唆されるようになるのはこの時期からである（図3）。

　いっぽうで魚類の内容を詳しくみると、周辺の沿岸環境などを反映した地域性を見出すことができる。すなわち、沖縄諸島のサンゴ礁沿岸の遺跡（図6）ではブダイ、金武湾・中城湾などの内湾に面する遺跡（図7）ではフエフキダイやベラが卓越する状況が明確に認められるのである（伊波 1982；樋泉 2002；2006a；2011；名島 2003）。こうした遺跡の魚類相にみられる地域性は現在の沿岸環境や生息する魚類相におおむね対応しており、貝塚時代前3期以降の沿岸環境（少なくとも魚類相）が現在と大差ないものであったことを示唆している。

　これに対し奄美群島（奄美大島～沖永良部島）では、同じサンゴ礁域の遺跡でも沖縄とは魚類組成にかなり明確な差があり、沖縄諸島では上記のようにブダイの卓越傾向が明らかであるのに対し、奄美群島では突出した優占種がなく組成の多様性が強い（図8）。こうした地域差の原因については、サンゴ礁の発達程度の違い（奄美では全般的に沖縄よりサンゴ礁の発達が弱い）に応じた漁法の違いによるものとする説（名島 2003）もあるが、筆者は環境条件よりもむしろ両地域における文化的な嗜好性・選択性の違いに起因する可能性が強いと考えている（樋泉 2006a）。

　いずれにせよ、そうした細かな地域性はあるものの、サンゴ礁やその周辺の浅海に棲む魚類が圧倒的多数を占めるという点では奄美・沖縄全体が共通した特徴を示している。いっぽう、意外なことにカツオ・マグロなどの外洋性魚類

や、クロダイ・ボラなどのマングローブ域に生息する魚の出土量は奄美・沖縄全域を通じてごく少ない。このことからも、この時代の暮らしがいかにサンゴ礁と深く結びついていたかがうかがえる。

　ウミガメや海棲哺乳類（イルカ・クジラ類、ジュゴン）も多くの遺跡で出土している。現在は絶滅危惧種（粕谷 2014）となっているジュゴンは、沖縄諸島の遺跡では多数の出土例があり（波形 2004）、おもな生息地（採食場）である海草藻場を伴う内湾や広い礁池の沿岸部ではまとまった出土を示す例もみられることから、当時沿岸域に広く生息していたことは確実であり、食用だけでなく骨が製品の素材として多用されていた。奄美群島での出土例は沖縄諸島に比べてはるかに少ないが、奄美大島のあやまる第2貝塚、泉川遺跡、マツノト遺跡、徳之島の面縄第2貝塚、与論島の上城貝塚（うわいぐすく）で出土が確認されている（西中川 2011；樋泉 2006b；2016）。これらの中には骨製品の素材として沖縄から持ち込まれたものもあるかもしれないが、当時の生息域の北限が現代（乱獲の影響が比較的小さかった1960年ころまで。環境省 2006）と同じく奄美大島付近にあった可能性を強く示すものといえる。ただし、当時も奄美群島における生息数（少なくとも捕獲数）は沖縄諸島よりもかなり少なかったと思われる。

　鳥獣骨から狩猟や陸域環境の様相についてみると、奄美・沖縄全域でリュウキュウイノシシが一貫して主体をなしており（図1・図2）、魚類と並んで主要な食料源となっていた。そのほかに、沖縄諸島の自然度の高い森林に生息するリュウキュウヤマガメ（またはそれと考えられるリクガメ類）も前3期～後期遺跡のほとんどから検出されている（表1）。ケナガネズミまたはトゲネズミと思われる大型のネズミも奄美・沖縄の遺跡でしばしば確認されている。

　奄美群島の遺跡で特筆されるのはアマミノクロウサギの出土である。本種は奄美大島と徳之島のみに生息する固有種で、現在では絶滅危惧種とされているが（山田 2014；Yamada and Smith 2016）、徳之島では犬多布貝塚（いぬたぶ）・面縄貝塚・ヨヲキ洞穴など多くの出土例があり（西中川 2011；松元 1986；樋泉 2016）、奄美大島でも小湊フワガネク遺跡（名島 2007）から出土が確認されている。筆者が分析した面縄第2貝塚ではアマミノクロウサギの出土数がとくに多く、鳥獣類中での個体数はイノシシに次ぐ（図9）。このことから、当時の徳之島ではアマミノクロウサギがイノシシとともに身近な哺乳類であり、また大切な

表1　沖縄諸島におけるリュウキュウヤマガメ（リクガメ類）の出土状況

年代	遺跡	リクガメ類の産出
近世	首里城奉神門	-
	首里城真珠道	●
	首里城書院・鎖之間	-
	首里城歓会門・久慶門	-
グスク時代〜近世	南風原古島	-
	北谷城	-
	阿波根古島	-
グスク時代	今帰仁城主郭	●
	今帰仁城周辺	-
	屋部前田原（Ⅱ区）	●
	勝連城二ノ郭	-
	勝連城三ノ郭	-
	勝連城四の曲輪（上層）	●
	勝連城南貝塚Ⅱ層	●
	屋良城	-
貝塚時代後期／グスク時代	勝連城南貝塚Ⅲ層	●
貝塚時代後期	宇佐浜B	●
	阿良	-
	ナガラ原東	●
	ナガラ原西	●
	具志原	●
	アンチの上	●
	備瀬	-
	大堂原（Ⅲ層）	●
	勝連城四の曲輪（下層）	-
	平敷屋トウバル	●
	津堅	-
	新原	●
貝塚時代前5期〜後期	渡喜仁浜原	●
貝塚時代前5期	古宇利原	●
	西長浜原	●
	知場塚原	●
	屋部前田原（Ⅲ区）	●
	地荒原遺跡	●
	シヌグ堂	●
	高嶺	●
	チヂフチャー洞穴	●
貝塚時代前4期	地荒原貝塚	●
	平敷屋トウバル	●
	津堅キガ浜	-
貝塚時代前3〜4期	大堂原（Ⅳ層）	-
貝塚時代前3期	古我地原	●
	伊礼原（砂丘区）	●
貝塚時代前2期〜	伊礼原（低湿地区）	●
貝塚時代前2期	大堂原（Ⅶ層）	-
貝塚時代前1期	大堂原（Ⅷ層）	-
	野国B	-
	新城下原	-

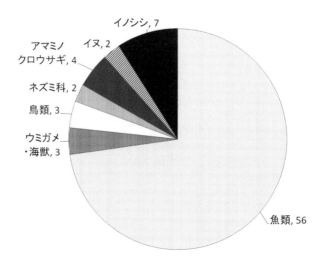

図9　面縄第2貝塚2002年調査地点から出土した脊椎動物遺体（ピックアップ資料）の組成
（最小個体数比）

食料となっていたことがわかる。当時の海岸砂丘上に形成されたこの遺跡から、現在では山間部の森林域にのみ生息するアマミノクロウサギがごく普通に出土することは筆者にとって衝撃的であり、当時の自然環境がいかに現在とは異なったものであったかを思い知らされた。まさに島の環境変化を象徴的に示す動物といえるだろう。

　こうした森林性の強い動物群の普遍的な存在は、この時代の奄美群島・沖縄諸島が自然度の高い森林に広く覆われていたことを明確に示している。このように、島という限られた環境の中でも自然を悪化させず、人と自然とのバランスのとれた関係が非常に長期間にわたって続いたこと、この驚くべき安定性・持続性は世界的にみても特筆すべきものである（Takamiya et al. 2016）。

V．グスク時代（11世紀以降）〜近世—Ⅲ期

　こうした安定した様相が、グスク時代（11世紀以降）に入ると一転する。沖縄諸島ではグスク時代以降の遺跡からも多くの脊椎動物遺体が出土するが、

魚骨が減少し、かわってそれ以前の時代にはみられなかったウシ、ウマ、ニワトリなどの飼育動物が急速に普及していく。またイノシシの中にも人間によって飼育されたと思われるブタ（またはその可能性の強いもの）がみられるようになる（図3）。

こうした急激な変化の背景には、グスク時代における穀類農耕の開始と普及が関わっている。近年の発掘調査におけるフローテーションの普及と植物遺体の分析の進展によって、グスク時代にはイネ・コムギ・オオムギ・アワなどの本格的な穀類農耕が導入され、急速に普及発展したことが明確になってきた（高宮・千田 2014）。こうした農耕の発達との関連でとくに重要なのはウシである。ウシは出土遺跡数、資料数ともに多く、この時代を代表する家畜であるとともに、耕地の開拓や農作業の役畜として重要なので、その急速な普及は農耕の発達と密接に関連したものである可能性が強い。

いっぽう沖縄諸島では森林性のリュウキュウヤマガメの出土例がグスク時代になると激減することから（表1）、農地の開拓に伴って森林伐採が進んだことが示唆される。魚骨についても全体的傾向としては出土量の減少が明らかで、ブダイのようなサンゴ礁魚類も少なくなることから、農作業に労力を回すようになった影響で長らく続いてきたサンゴ礁との深い結びつきが急速に弱まっていくようすがうかがえる。このように、貝塚時代からグスク時代への転換は、農耕の導入によって連鎖的に引き起こされた人と自然の関係性の全体的・複合的な変化であったと考えられる。

また、沖縄諸島ではグスク時代に入ると遺跡によって出土する動物骨の内容にかなりのバラつきがみられるようになる。その原因のひとつと考えられるのは、グスク時代以降の社会の複雑化・階層化に伴う食生活の社会格差の拡大である。たとえば今帰仁城の主郭（城内）と周辺（城外）の遺跡を比べると（図1のグスク時代の部分を参照）、主郭では骨の出土量が多く、魚、ブタ、ニワトリなどが多く食されていたと思われるのに対して、一般人の居住地と思われる周辺遺跡では骨が少なく、農作業に関わるウシやウマが目立つことから、肉を食する機会は限られていたらしい。こうした違いは、おそらく居住者の社会階層の差と関連しているように思われる。ただし魚骨が多く出土する一般集落なども確認されており、実態はより複雑であるらしい。今後こうした多様性の

表2 奄美群島における古代～中世遺跡の脊椎動物遺体の比較

地域			喜界島							沖永良部島
遺跡名			大ウフA～C (上段)	崩リ	大ウフD (下段)	半田	中増	崩リ	和早地	鳳雛洞
主要年代(世紀)			11後～12	11後～12	13～15	13～15	13～15	14～15	14～15	11～12 14～15前
魚類	量	ピックアップ	7	43	0	0	10	10	134	0
		フルイ	-	-	-	-	4	-	323	-
	組成		サメ歯1・椎骨5, ハリセンボン1	フエフキダイ>ハタ・クロダイなど	-	-	ブダイ4・ハタ3・カワハギ1など	フエフキダイ>ブダイ・ハタなど	フエフキダイ・ブダイ・カワハギ・ハタ・ベラ・ニザダイなど	-
ウミガメ類			0	0	0	0	2	1	10	0
イノシシ			0	0	0	0	0	0	1	0
家畜	ウシ		9	1	63 頭骨埋納土坑あり	12	44	2	7	11 おそらく祭祀関連
	ウマ		0	0	2	2	6	2	0	0
	ニワトリ		0	0	0	0	0	0	4	0

原因解明を進めることにより、動物資源利用の側面から当時の社会の実態にアプローチできる可能性がある。

いっぽう奄美群島では、不思議なことにグスク時代以降は魚骨や鳥獣骨の出土量が極端に少なくなってしまう。このためこれまで奄美群島におけるグスク時代以降の脊椎動物資源の利用の実態は謎に包まれていたのだが、最近喜界島でこの時代（11～15世紀）の資料が増加しており（西中川2015；樋泉 印刷中）、少しずつだがその様相が明らかになりつつある（表2）。いまだにデータが少なく不明な点が多いが、以下では予察も交えながらその特徴を概観する。

喜界島における骨の出土量は、11～12世紀の遺跡では少ないが、沖縄ではこの時期の確実な資料がほとんど得られていないことから貴重な資料となっている。いっぽう13世紀以降には出土量がやや増加するものの、グスクの発達などに伴って骨類の出土が急増する沖縄諸島と比べるとはるかに少なく、対照的な様相を呈するようになる。

骨類の内容をみると、全体としてはウシと魚類が多く、少数ながらイノシシ・ウマ・ヤギ・ニワトリも確認されている。ウシなどの飼育動物が出現する点は沖縄諸島と同様で、その導入が奄美～沖縄全域に広く生じた現象であることを

第 5 章　遺跡出土脊椎動物遺体からみた奄美・沖縄の動物資源利用

表3　喜界島の古代〜中世遺跡におけるウシの部位別出土数（大ウフ・半田は破片数、その他は NISP）

年代	立地(段丘)	遺跡		頭蓋・歯					椎骨	肋骨	四肢骨														計
			頭蓋	上顎骨	上顎歯	下顎骨	下顎歯	歯破片			肩甲骨	上腕骨	橈骨	尺骨	手根骨	中手骨	寛骨	大腿骨	膝蓋骨	脛骨	距骨	踵骨	足根骨	中足骨	中手/中足骨	指骨	
11-12C	高	大ウフA-C		6		2		+			1																9
11-12C	中	崩リ																			1						1
13-15C		土坑		2		2	←頭骨埋納																				4
13-15C	高	大ウフD　溝	fr	2	1	2		多	8	4	5	2	2		1	2	2	4		3						3	45
13-15C		包含層・一括		2	2	1	+		1	1	1	1								3							14
13-15C	高	半田		1		6	+				2		1							1						1	12
13-15C	中	中増				2	1				2	3	2	4			2	2		3	2	3				9	44
14-15C	中	崩リ																								2	2
14-15C	下	和早地					1					2	1	1												1	7

示している。いっぽうイノシシはごく少なく、イノシシ（ブタを含む）が多数出土する沖縄諸島とは対照的である。その原因は今のところ不明だが、少なくとも喜界島では、15世紀ころまではブタの飼育が普及していなかった可能性が強いとみてよいだろう。

　飼育動物の導入年代については、後述する鳳雛洞の事例も合わせると 11〜12 世紀には確実にウシが存在していたと考えられるのに対して、他の家畜類が確認されるようになるのは今のところ13世紀以降であることから、ウシが先行して導入された可能性がある。出土したウシは本土の古代〜中世にみられるものと同様の小型牛（推定体高 110〜125 cm）であること、導入年代が城久遺跡群などで出土している九州産の滑石製石鍋やイネ・ムギ類などの穀類（高宮・千田 2014）と重なること、また先述のとおりウシは農作業の役畜として重要であることから、さらに検証が必要ではあるが、九州から農耕とセットで持ち込まれた可能性が高いと思われる。今後の資料の増加によって、奄美と沖縄で導入された年代や家畜種に差があるか、また各家畜種の導入ルートおよび城久遺跡群との関連性など、奄美・沖縄への飼育動物の導入過程に関する問題解明が進むことが期待される。

　ウシの骨の出土部位や産状に関しては遺跡間で明らかな相違がみられる（表3）。喜界島の中央高所に位置する城久遺跡群（大ウフ遺跡・半田遺跡．西中川 2013a；b；c）では頭骨や四肢骨など全身の骨格が出土しており、大ウフ遺跡

では柱穴の中に頭骨を埋納した特異な事例が確認され祭祀にかかわるものと考えられている。いっぽう低位段丘に立地する中増遺跡（樋泉 2015）では四肢骨が多数出土しているのに対して顎骨や歯はごく少ないことから頭骨が別扱いとされている可能性が強く、上記の大ウフ遺跡のウシ頭骨埋葬との関連性が注目される。

　魚類については、フエフキダイやブダイなどのサンゴ礁魚類が主体となる点はⅡ期と同様である。ただし魚骨の出土数は遺跡によって差が著しく、海岸近くの低位段丘に立地する和早地遺跡（樋泉 2008）では大量の魚骨が出土しているのに対し、喜界島の中央高所に位置する城久遺跡群（大ウフ遺跡・半田遺跡）ではウシが主体で魚骨はまれ（13世紀以降は出土なし）であり、きわめて対照的な様相を呈している。このように、喜界島のグスク時代遺跡では立地条件に対応した動物資源利用の多様性が認められる点が特徴である。

　喜界島以外では、沖永良部島の鳳雛洞において外光の入らない鍾乳洞内部からウシなどの骨が発見されており（樋泉 2014b）、その産出状況から洞内での祭祀行為に伴うものと推測されている。また採集されたウシの骨2点について放射性炭素年代測定を実施した結果、11～12世紀および14～15世紀の年代が得られており、グスク時代初期に確実にウシが導入され、それらが長期間にわたって祭祀の対象となっていたことが明らかとなっている。

Ⅵ. おわりに

　これまで奄美・沖縄の脊椎動物利用史のあらましを述べてきたが、その中でも触れてきたように、未解明の問題も多く残されている。なかでもとくに重要な研究課題として、(1) Ⅰ期におけるイノシシ猟から漁労への変遷過程とその原因の解明、(2) Ⅱ期～Ⅲ期（貝塚時代～グスク時代）の転換期における動物資源利用の変化過程とその背景の解明が挙げられる。これらの問題については、これまでデータが比較的豊富な沖縄諸島を中心に検討されてきた。これに対して奄美群島では、とくにⅠ期とⅢ期については遺跡調査例が少なく不明確な部分が多かったのだが、近年こうしたデータの空白を埋める資料が増加してきた。

Ⅰ期については、最近徳之島の下原(したばる)洞穴において前1期にさかのぼると思われる良好な遺跡が発見された（具志堅 2016；具志堅コラム）。同遺跡では現在調査研究が進められており、貝塚時代の最初期における奄美での様相解明および沖縄との比較研究の発展が期待される。

　Ⅱ期からⅢ期への変遷過程の問題に関しては、すでに述べたとおり、喜界島を中心に資料が増加しつつある。奄美群島はヤマトと沖縄の中間に位置し、喜界島の城久遺跡群に関してはヤマト政権との強い関係性が指摘されるなど、グスク時代への転換期におけるヤマトとの関係性を解明するうえでこの地域が重要な鍵を握っていることは間違いなく、飼育動物の導入過程など動物資源利用の面からも今後の調査研究の進展が注目される。

　またⅢ期（グスク時代以降）には奄美と沖縄の間で骨の出土量やイノシシ・ブタ利用などに明確な地域差が現れ、またそれぞれの地域内においても遺体組成の遺跡間差が顕在化するなど、複雑多様な様相がみられるようになることから、今後両地域の比較研究が重要になってくるだろう。

　これらの諸問題の解明を進めるうえで、今後奄美の遺跡の重要性がいっそう増大することは確実であり、今後も重点的に研究を進めていきたいと考えている。

注

（1）ピックアップ資料は、発掘現場で目視確認され、手で拾い上げられた資料のこと。おもに鳥獣骨や大型魚骨の内容を表す。

（2）貝塚時代の細分名称に関しては、「貝塚時代」を省略し、たとえば「貝塚時代前1期」を単に「前1期」と表記した部分がある。

参考文献

伊波寿賀子 1982「沖縄本島先史時代から見た漁撈活動について－出土魚骨の同定をもとに－」『物質文化』38：1-13

粕谷俊雄 2014「ジュゴン」『レッドデータブック 2014 －日本の絶滅のおそれのある野生動物－1 哺乳類』環境省自然環境局野生生物課希少種保全推進室（編）pp. 32-33 株式会社ぎょうせい：東京

菅浩伸 2014「琉球列島のサンゴ礁形成過程」『琉球先史・原史時代における環境と文化の変遷に関する実証的研究　研究論文集　第2集　琉球先史・原史時代における環境と文化の変遷』高宮広土・新里貴之（編）pp. 19-28 六一書房：東京

環境省 2006『ジュゴンと藻場の広域的調査 平成13～17年度 結果概要』環境省：東京

具志堅亮 2016「下原洞穴遺跡発掘調査概報」『南島考古だより』103：6

黒住耐二 2002「貝類遺体からみた奄美・沖縄の自然環境と生活」『先史琉球の生業と交易－奄美・沖縄の発掘調査から－』木下尚子（編）pp. 67-86 熊本大学文学部：熊本市

高宮広土・千田寛之 2014「琉球列島先史・原史時代における植物食利用－奄美・沖縄諸島を中心に－」『琉球先史・原史時代における環境と文化の変遷に関する実証的研究　研究論文集　第2集　琉球先史・原史時代における環境と文化の変遷』高宮広土・新里貴之（編）pp. 127-142 六一書房：東京

樋泉岳二 2002「脊椎動物遺体からみた奄美・沖縄の環境と生業」『先史琉球の生業と交易－奄美・沖縄の発掘調査から－』木下尚子（編）pp. 47-66 熊本大学文学部：熊本市

樋泉岳二 2006a「脊椎動物遺体にみる奄美と沖縄」『先史琉球の生業と交易2－奄美・沖縄の発掘調査から－』木下尚子（編）pp. 101-114 熊本大学文学部：熊本市

樋泉岳二 2006b「マツノト遺跡1991年調査で採集された脊椎動物遺体群」『マツノト遺跡（笠利町文化財報告第28集）』笠利町教育委員会（編）pp. 183-199 笠利町教育委員会：笠利町

樋泉岳二 2008「和早地遺跡の脊椎動物遺体群」『荒木貝塚 和早地遺跡』鹿児島県立埋蔵文化センター（編）pp. 43-56 鹿児島県立埋蔵文化財センター：霧島市

樋泉岳二　2011「琉球先史時代人と動物資源利用－脊椎動物遺体を中心に－」『先史・原史時代の琉球列島～ヒトと景観～』高宮広土・伊藤慎二（編）pp.109-131 六一書房：東京

樋泉岳二　2014a「脊椎動物遺体からみた琉球列島の環境変化と文化変化」『琉球先史・原史時代における環境と文化の変遷に関する実証的研究　研究論文集　第2集　琉球先史・原史時代における環境と文化の変遷』高宮広土・新里貴之（編）pp. 71-86 六一書房：東京

樋泉岳二 2014b「沖永良部島鳳雛洞・大山水鏡洞から採集された脊椎動物遺体」『沖永良部島鳳雛洞・大山水鏡洞の研究』新里貴之（編）pp. 81-89 鹿児島大学埋蔵文化財調査センター：鹿児島市

樋泉岳二 2015「中増遺跡の平成23〜24年度調査で採集された脊椎動物遺体」『中増遺跡Ⅰ』喜界町教育委員会（編）pp. 59-70 喜界町教育委員会：喜界町

樋泉岳二 2016「面縄貝塚から出土した脊椎動物遺体群の特徴と重要性」『面縄貝塚総括報告書』伊仙町教育委員会（編）pp. 118-139 伊仙町教育委員会：伊仙町

樋泉岳二 印刷中「奄美群島における兼久式期〜中世の脊椎動物資源利用」『中山清美氏追悼論集（仮）』中山清美氏追悼論集編集委員会（編）中山清美氏追悼論集編集委員会

名島弥生 2003「琉球列島における遺跡出土魚種組成の比較」『東海史学』38：75-96

名島弥生 2007「第一次調査、第二次調査の自然遺物」・「小湊フワガネク遺跡群出土資料からみた動物資源利用の季節利用」『小湊フワガネク遺跡群Ⅱ』奄美市教育委員会（編）pp. 85-144、pp. 171-189 奄美市教育委員会：奄美市

波形早季子 2004「南西諸島のジュゴン・ウミガメ・イルカ・クジラ類遺体」『動物考古学』21：73-89

西中川駿 2011『遺跡から出土する動物たち』西中川駿先生古希記念論集刊行会：鹿児島市

西中川駿 2013a「喜界町大ウフ遺跡出土のウシ遺体」『城久遺跡群　大ウフ遺跡・半田遺跡』喜界町教育委員会（編）pp. 173-178 喜界町教育委員会：喜界町

西中川駿 2013b「喜界町大ウフ遺跡（平成19年度, 21・22年度調査）出土の動物遺体」『城久遺跡群　大ウフ遺跡・半田遺跡』喜界町教育委員会（編）pp. 179-185 喜界町教育委員会：喜界町

西中川駿 2013c「喜界町半田遺跡出土の動物遺体」『城久遺跡群　大ウフ遺跡・半田遺跡』喜界町教育委員会（編）pp. 298-300 喜界町教育委員会：喜界町

西中川駿 2015「喜界島の遺跡から出土する動物たち」『シンポジウム「境界領域のダイナミズム in 喜界島」資料集』第30回国民文化祭・かごしま2015喜界町実行委員会（編）pp.27-30 第30回国民文化祭・かごしま2015喜界町実行委員会：喜界町

松元光春 1985「中甫洞穴出土の動物骨」『中甫洞穴』知名町教育委員会（編）pp. 93-

100　知名町教育委員会：知名町

松元光春 1986「ヨヲキ洞穴出土の動物骨」『ヨヲキ洞穴』伊仙町教育委員会（編）pp. 61-68 伊仙町教育委員会：伊仙町

山田文雄 2014「アマミノクロウサギ」『レッドデータブック2014 －日本の絶滅のおそれのある野生動物－1 哺乳類』環境省自然環境局野生生物課希少種保全推進室（編）pp. 56-57 株式会社ぎょうせい：東京

Takamiya, H., Hudson, M.J., Yonenobu, H., Kurozumi, T. and Toizumi, T. 2016"An extraordinary case in human history: Prehistoric hunter-gatherer adaptation to the islands of the Central Ryukyus (Amami and Okinawa archipelagos), Japan", *The Holocene* 26(3): 408-422.

Yamada, F. and Smith, A.T. 2016 "Pentalagus furnessi" *The IUCN Red List of Threatened Species 2016*: http://dx.doi.org/10.2305/IUCN.UK.2016-3.RLTS.T16559A45180151.en

コラム6

タイ釣りをする古代人

高梨　修（奄美市立奄美博物館）

　貝製品の集中的生産に特徴づけられる国指定史跡「小湊フワガネク遺跡」は、奄美大島の東海岸に所在する6、7世紀の遺跡である。
　平成9年度に実施された緊急発掘調査において（図1）、食料残滓（ざんし）と考えられる多数の動物骨が出土している。その内訳は、調査区11（第一次調査）が魚類2754点、獣類1843点、総数4597点、調査区3・調査区12（第二次調査）が魚類8573点、獣類1145点の総数9718点である。いずれの調査区も魚類が出土動物遺体の主体を占めているが、その魚類相には著しい相違が認められる。調査区11は、ブダイ科、ベラ科、ハタ科、フエフキダイ科等のサンゴ礁魚類が主体を成している。特に大型のブダイ科が全体の44％を占めているのが特徴的である。調査区3・調査区12は、内湾～沖合性のタイ科の不明魚種が多数確認され、約35％を占めていたが、ブダイ科、ベラ科等のサンゴ礁魚類は、いずれも10～20％程度しか確認されていない（名島2007a）。
　それら自然遺物の分析を担当した名島弥生氏から、当時、タイ科の魚骨が多数確認されているが、その魚種が判然とせず、タイワンダイかもしれないと報告を聞いていた（名島2007a）。その後、名島氏は藤山萬太氏による『私本奄美の釣魚』に、小湊近海で旧正月の頃に釣れるタイ科魚種の記載があることを知り、藤山氏からその魚種を入手して分析を実施した。その結果、それが「ホシレンコ」という魚種であり、遺跡から出土するタイ科不明魚種と合致することを突き止めたのである。さらに、小湊集落における民俗事例等の調査もふまえた上で、このタイ科不明魚種の特定と漁労活動の特徴などを考察した（名島2013）。
　そのタイ科不明魚種が、名瀬で正月用の祝鯛として食べられてきた「テーヌユ」と方言呼称される魚である。筆者もテーヌユについて民俗調査なども進め

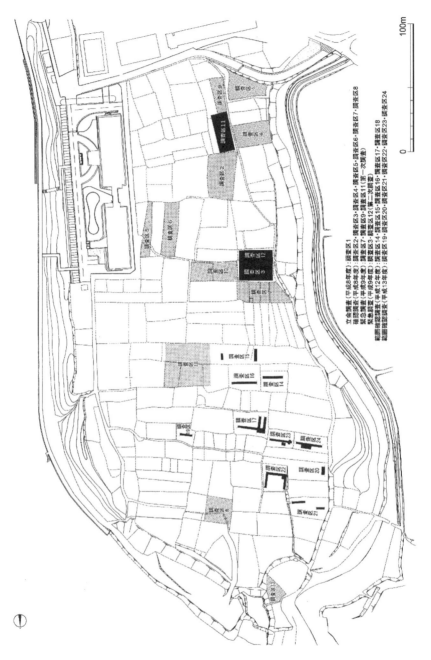

図1 小湊フワガネク遺跡の発掘調査箇所

てきたので、その一部もふまえながら、以下であらためて紹介してみたい。

　テーヌユは、奄美大島近海に生息するタイ科ホシレンコ属の「ホシレンコ」という魚である。この魚は、これまでタイ科セナガキダイ属と考えられてきたが、最近、奄美大島周辺海域を生息地とする固有種である事実が判明している（田中・岩槻 2010；Tanaka and Iwatsuki 2015）。ホシレンコは、水深200〜300 m ぐらいの低層に生息しているが、繁殖期（12月〜3月上旬頃）には水深50〜80 m 程度の浅瀬（棚）に移動して産卵する。その時期に産卵場所となる浅瀬（棚）を狙い、釣り漁（夜釣り）が行われるのである。

　奄美大島では、戦前から奄美市名瀬の小湊集落、奄美市住用町の和瀬集落や市集落等の奄美大島中部の東海岸に面した限られた地域で、冬期を中心とした漁労活動としてこのタイ釣り漁が行われてきた。釣れるのは、体長40〜60 cm（2〜4 kg程度）の個体が中心である。大正9〜10（1921〜1922）年にかけて奄美・沖縄を訪れた柳田國男（当時46歳）も、奄美大島を訪れていた2月7日から3月1日の日記に「鯛をになひ山を越来る人、小湊は鯛のよくとれる所、除夜にたくさんとれしなり（柳田 1922）」と記していて、この「鯛」はホシレンコであると考えられる。

　昭和30年代以前におけるこの釣り漁の仕掛けは、植物繊維の釣糸の先端に

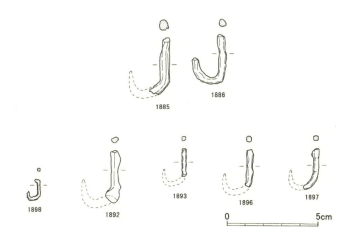

図2　小湊フワガネク遺跡出土釣針（上段は調査区11、下段は調査区3・調査区12）

釣針を結んだだけの簡単なもので、釣針から近い箇所に細長い礫が錘として結び付けられていた。錘は、海底に着いてからしゃくり上げると糸から外れるように引き解け結びで付けられていた。釣り漁の際には、錘用の礫を船にたくさん積んで出漁していたのである。

ホシレンコは、味もよいので、奄美群島最大の都市である名瀬の街では古くから珍重されてきた。近年、奄美市の東海岸だけではなく、奄美大島北部の笠利湾、南部の焼内湾や大島海峡東口等の各地でも分布が確認されているが、伝統的釣り漁が行われていたわけではなく、地元漁師にもあまり知られていない。以上をふまえながら、小湊フワガネク遺跡の調査区3・12区からホシレンコと考えられる魚骨が多数出土した意義をまとめておく。

①既に名島氏が指摘しているように、小湊フワガネク遺跡の調査区3・12区が営まれた時期は、冬期であると考えられる（名島 2007b）。亜熱帯島嶼を対象とする琉球考古学において、遺跡の営まれた季節が明確に確認できたのは、稀有の事例である。

調査区3・12区から確認された自然遺物については、ホシレンコ以外にも季節をうかがえる資料がある（名島 2007a）。調査区11および調査区3・調査区12から多数出土しているモクズガニのハサミ脚破片である。その出土数には著しい相違が認められ、調査区11では出土総数82点であるが、調査区3・調査区12ではその約50倍に当たる出土総数4275点が出土している。モクズガニは、北海道から南西諸島まで全国の河川等に生息しているカニ類で、秋から冬にかけて、産卵のために河口まで降りてくるので、その時期に集中的に捕獲され、食用にされている。現生種の習性から考える限り、調査区3・調査区12におけるモクズガニも、やはり冬期に捕獲された可能性が高いと考えられ、ホシレンコの推察捕獲時期とも合致する。

②遺跡が営まれた季節の特定とは別に、非常に重要な事実がある。ホシレンコは、陸から捕獲することはできない場所に生息しているという点である。捕獲する漁労技術としては、ほぼ船釣りに限られてしまう。遺跡でも、ホシレンコが多数出土した調査区3・調査区12から、鉄製の釣針5点が出土しているので（調査区11からも2点出土）、当時から釣り漁が行われていたのはまちがいない（図2）。

そもそも同時期の沖縄諸島には、鉄製品そのものがほとんど認められないし、これまで南西諸島の貝塚遺跡などから確認されたことがないホシレンコの釣り漁が、夜光貝大量出土遺跡から確認されたことも、興味深く受け止められる。今後も、ホシレンコに関する情報の収集を重ね、多角的に検討を進めていきたい。

引用参考文献

田中文也・岩槻幸雄 2010「タイ科セナガキダイ属 Cheimerius ホシレンコ Cheimerius matsubarai の属の再検討」『日本魚類学会年会講演要旨』43:25

名島弥生 2007a「第一次調査、第二次調査の自然遺物」『小湊フワガネク遺跡群Ⅱ　学校法人日章学園「奄美看護福祉専門学校」拡張工事に伴う緊急発掘調査報告書』奄美市教育委員会（編）pp.85-144 奄美市教育委員会：奄美市

名島弥生 2007b「小湊フワガネク遺跡群出土資料からみた動物資源の季節利用」『小湊フワガネク遺跡群Ⅱ　学校法人日章学園「奄美看護福祉専門学校」拡張工事に伴う緊急発掘調査報告書』奄美市教育委員会（編）pp. 171-189 奄美市教育委員会：奄美市

名島弥生 2013「奄美大島・小湊フワガネク遺跡群出土のタイ科魚種」『動物考古学』30:67-82

柳田国男 1922『南島旅行見聞記』（酒井卯作（編）2009『南島旅行見聞記』　森話社：東京）

Tanaka, F. and Iwatsuki Y. 2015 "Amamiichthys, a new genus for the sparid fish Cheimerius matsubarai Akazaki 1962, and redescription of the species, with designation of a neotype" *Zootaxa*.　Aug 28;4007(2):195-206.

コラム7

先史時代の食料運搬
── イノシシ・ブタのDNA解析 ──

高橋遼平（山梨大学医学部法医学講座）

　ヒトは広範囲を移動し様々な環境に適応した生物で、先史時代の琉球列島（12世紀以前）でも多くの島でその存在が確認できる。移動と適応には食料が不可欠だが、大陸と比べ資源が乏しい「島」を舞台に先史人類はどのように食料を調達したのだろうか？　その戦略の1つに食料の運搬が挙げられる。イノシシとブタ（Sus scrofa）はヒトの食料として古くから世界中を運ばれてきた。海を渡る運搬も多く、例えばキプロス島（約1.1万年前）やオセアニア（約3300年前以降）の島では遺跡から骨が見つかっている。

　琉球列島へのブタの運搬は文献では14〜15世紀が最古で、それ以前は野生のリュウキュウイノシシ（S. s. riukiuanus）が狩猟されていたと考えられてきた。しかし先史遺跡からリュウキュウイノシシと形や大きさが異なる骨が見つかっており、先史人類によるブタの運搬も議論されていた。このような背景から遺跡出土のイノシシ・ブタの骨を使い、ミトコンドリア（mt）DNAを解析している。これまでの解析では、沖縄諸島や宮古島の先史遺跡（約6000〜2000年前）でリュウキュウイノシシと異なる遺伝的特徴を持つ個体が検出され、形態学の知見と同様に別系統の存在が示されている（図1）。その来歴として先史人類によるイノシシやブタの運搬が十分考えられるが、実態の解明には資料数を増やした検証が重要である。現在は徳之島の面縄貝塚（伊仙町教育委員会提供）や奄美大島の嘉徳遺跡（瀬戸内町教育委員会提供）でも解析を進めており、先史人類とイノシシ・ブタの関係を探っている。

　過去のイノシシ・ブタ運搬を知るには、野生集団として遺跡出土資料と比較するリュウキュウイノシシの遺伝情報の把握も重要となる。そこで現生集団（奄美大島、加計呂麻島、請島、徳之島、沖縄島、石垣島、西表島に生息）の

コラム7　先史時代の食料運搬 —イノシシ・ブタのDNA解析—

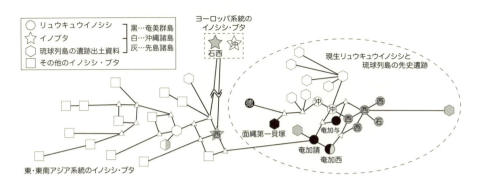

図1　mtDNA D-loop領域 (575bp) を用いたMJネットワーク図（一部簡略化）。凡例に則り配列タイプ（DNA配列の型）を図形で表した。琉球列島の資料は黒、白、灰色で由来地域を示した。現生資料のみ、円の内側または下側に検出した島（本文参照）の頭文字を記した。白塗りの三角は仮想の配列タイプを示す。本図はヨーロッパ系統の詳細や塩基置換の情報を省略している

　mtDNA解析も行っている。解析では全ての島の個体が互いに近縁である事がわかり、同じ系統から各島の集団が生じた事が示唆された（図1）。また奄美大島、加計呂麻島、請島では多くの個体が同じDNA情報を共有していた。加計呂麻島と請島は元々イノシシの生息地ではなく、昭和30年代以降に奄美大島からイノシシが泳いで渡った事が聞き取り調査で知られている（近年は与路島へも渡っている）。一方、徳之島の集団は他の奄美の島々では見られない塩基の変異（DNA情報の違い）を持っていた。徳之島の集団は、他の奄美の島々よりも海による隔離の程度が強く、別の島の集団との遺伝的交流（交雑）が長く途切れている可能性がある。なお徳之島の現生集団と似た変異は同島の面縄第1貝塚（7世紀頃）でも見つかっており、この集団が7世紀頃には既に存在した事がわかる。そのほか、近年はイノシシとブタの交雑と考えられる個体（イノブタ）も野生集団から検出されている（図1）。

　琉球列島でのイノシシ・ブタのDNA解析は「野生か外部導入か？」という疑問のほか、イノシシとブタ、そしてヒトのそれらへの関わり方についても考える事ができる。結果の解釈には他の学問分野の知見に加え、地域の方々が持つ知識も併せた複合的な考察が不可欠である。本コラムで紹介した解析は多くの研究者・猟師・地域の皆様の協力を受け行っている。ここに記して感謝の意を表すると共に、今後の調査でもご協力いただければ幸いである。

第6章
先史時代の人々は何を食べたか
── 植物食編 最前線 ──

高宮広土（鹿児島大学国際島嶼教育研究センター）

I．はじめに

　奄美・沖縄諸島の先史学は100年以上の歴史を持つが、その内容は世界的レベルで考察されることはごく最近までなかった。また、この地域を「琉球列島」、「南西諸島」あるいは「南の島々」と表現することはしばしばあったが、島の特徴をもとにこの地域の先史時代を検証することもなかった。島の特徴を考慮し、その成果を世界の他の島々と比較すると、奄美・沖縄諸島の先史時代においていくつか世界の他の島にはみられないあるいは希少例となる大変ユニークな点があることが判明しつつある。例えば、1980年代までに沖縄県では著名な港川化石人骨が発見された港川フィッシャー遺跡を始め8カ所の旧石器時代の遺跡が知られており（沖縄県教育委員会1998）、奄美諸島では3カ所の旧石器時代の遺跡が知られていた（中山2009）。他の国々や本土で旧石器時代の遺跡が報告されていたので、おそらく研究者も奄美諸島や沖縄県の島々にも旧石器時代が存在することは自然の成り行きと考えていたのではないだろうか。しかしながら、世界的なレベルでみると旧石器時代の遺跡が確認されている島は他の地域にはほとんどない。すなわち、奄美・沖縄諸島のような島で、旧石器時代の遺跡が存在していることは世界的に大変珍しいことなのである。近年では旧石器時代と続く貝塚時代の始まりのギャップを埋める可能性のある遺跡も発掘調査されており、旧石器時代から継続して貝塚時代まで人が存在したとすると、この点も世界的には大変貴重なデータとなる。

　世界的に旧石器時代にヒト（現生人類）がいた島が稀な理由は、海を渡るという技術的な要因などもあったが、この技術的要因と同様に島嶼環境が大陸と

第6章　先史時代の人々は何を食べたか ―植物食編 最前線―

比較すると食資源を含む資源が少ないことや遊動生活に必要な面積が十分ではなく、狩猟採集で生存することが容易ではなかったという理由が挙げられる。では、なぜ新石器時代（1万年以降）に人は多くの島へ植民し、生活するようになったのであろうか。それは約1万年前に農耕が開始されたからだといわれている（Cherry 1981）。この新しい生業により限られた面積から食資源収量を増やすことが可能となった。地中海、太平洋およびカリブ海の島々を含むほとんどの島は農耕を持った人々によって初めて植民された（Keegan and Diamond 1987；高宮 2005a）。このように考えると、琉球列島の旧石器時代の人々が当時の航海技術で海を渡り、この南北約1200 kmの少なくとも8つの島にたどり着いたことは注目に値する。さらに興味深いことは、旧石器時代の人々が一体どのような食料を利用し生存したのか（あるいはできなかったのか）、というテーマである。残念ながら現時点における考古学的なデータでは、この問いに関する答えは十分にはみえていない。

では、旧石器時代に続く貝塚時代はどうであろうか。実はこの時代の生業を理解することも世界的に貴重な情報を提供するのである。まず、貝塚時代の人々が多くの他の島々のように栽培植物を利用していたとすると、この結論は世界的な人の島への植民に関する仮説を支持するものとなる。すなわち、島の環境は狩猟採集民にとって生存することが大変困難な空間であったことになる。一方、この時代の遺跡から食料となりうる栽培植物や家畜動物が検出されず、野生動植物のみであったとするとそれは世界的に大変稀な文化現象となる。多くの島は農耕民によって植民されたことは前述したが、例外的に狩猟採集民のいた島も報告されている。それらの島々の特徴は1）面積が広い、2）大陸や大きな島から近距離に所在する、3）アザラシなどの大型海獣が存在する、4）食料となる動植物を母集団地域から導入する、および5）1）〜4）の組み合わせが可能な島であった（高宮 2005a）。本論では、まず奄美・沖縄諸島の島々が上記1）〜5）の条件を満たすか検証する。次に、ここ20年ほどで解明された貝塚時代における植物食利用について紹介する。近年の研究成果により、この時代の生業が狩猟・採集・漁労であったことがほぼ明らかになりつつある。つまり、世界的にとてもユニークな文化があったのである。しかしながら、このような島々にもある時点で農耕が導入される。続くグスク時代には農耕が生業

の基盤となっていたと解釈されていた。しかしながら、狩猟採集から農耕への変遷の時期やその頃の農耕の内容（初期農耕）は未解決のテーマであった。近年の研究成果は、これらのテーマに関しても新たなデータを提供している。本論では最後に農耕の始まりの時期と初期農耕について述べる。

Ⅱ．バックグラウンド

　狩猟採集民のいた島は世界的にみると例外と言っても過言でもない（Cherry 1981；Keegan and Diamond 1987；高宮 2005a）。それらの島々の特徴は上記した5点である。ではこれら5点を奄美・沖縄諸島で検証してみよう。

　1）面積が広い。本州や北海道などの本土の島々のように面積が広いと遊動生活に十分な空間があり、狩猟採集でも生存が可能だと言われている。では、奄美・沖縄諸島は「広い」島なのであろうか。世界中の島々への人の植民を検証した Keegan and Diamond（1987）は、カリブ海に浮かぶグアドループの島の面積は約 1700 km² であり、これでは狩猟採集で生存するには面積が足りないと結論づけている。琉球列島で最大の島は沖縄島でその面積は約 1200 km² であり、奄美大島が約 700 km² でそれに次ぐ。Keegan and Diamond（1987）の結論に従えば、奄美・沖縄諸島は狩猟採集民で生きるには「小さな」島となる。

　2）大陸や大きな島から近距離に位置している。カリフォルニア沖のチャネル諸島はいくつかの島々から成り立っているが、最大の島は 230 km² ほどでしかない。しかし、約1万1000年前からヨーロッパ人が「（再）発見」するまで、狩猟採集民がいた（Erlandson 1991）。また、種子島にも約3万5000年前の遺跡が報告されているが、その頃種子島は島であったという（南種子町教育委員会 2005 など）。その面積は約 440 km² である。おそらく、これらの島々に狩猟採集民が生存できた要因の一つは大陸や大きな島に近距離に位置するからであろう（それぞれ約 40 km か、それ以下）。大陸や大きな島の近距離に位置していたら必要に迫られた時、母集団との絆を使って問題を解決することが可能な場合もある。しかしながら、奄美・沖縄諸島は大陸や大きな島から遠距離に位置している。例えば奄美大島は九州島から約 300 km、大陸から約 600 km に位置し、沖縄島は台湾および大陸から約 600 km の距離がある。

3）大型海獣に依存していたか。奄美・沖縄諸島では日常的に大型海獣を見ることはない。辺野古問題で注目を浴びているジュゴンや同じ名護で一時期活発に行われたイルカ漁などで知られるイルカなど数種の海獣しか存在しない。ジュゴンやイルカあるいはクジラは遺跡から出土しているが、これらの遺体が多量に出土した遺跡は知られていない。また、炭素・窒素安定同位体比分析という方法で人骨を分析すると、その人が生前に海獣に依存していたかということがわかるのであるが、現時点において海獣を主に食していたという人骨は検出されていない（高宮・Chisholm 2004；米田 2010；高宮コラム）。奄美・沖縄諸島の貝塚時代人は海獣には依存していなかったと思われる。

4）食料となりうる動植物を持ち込んだか。ニューブリテンなどの島では旧石器時代の人々（狩猟採集民）がクスクスとして知られる動物やカナリアムという植物をニューギニアから持ち込んでいたことが明らかになった（White 2004）。奄美・沖縄諸島ではどうであろう。動物でいうと持ち込まれた動物は今の所イヌのみである。植物では後述するように最近ヒョウタンが沖縄県の伊礼原遺跡から検出されたのみである。

以上の結果から、5番目にリストした1）から4）の組み合わせもなかった。つまり、奄美・沖縄諸島に狩猟採集民が存在したとすると、1）〜5）ではなく、新しい島嶼型狩猟採集民のデータを世界に提供することになる。もし、栽培植物を利用していたことが判明すれば、世界的な解釈である狩猟採集民は1）〜5）を除き、島で生活することは困難あるいは不可能で、島で生活するには農耕が必要であるという仮説を支持するデータとなる。いずれにしても世界的に大変貴重なデータとなる。

Ⅲ. フローテーション

奄美・沖縄諸島貝塚時代における植物利用の解明はこのように大変重要である。しかしながら、貝塚時代の植物利用を検証するハード・データはほとんど存在していなかった。ハード・データとは先史時代の人々が食した植物食である。実際約20年前まで数多くの遺跡で発掘調査がなされていたが、植物遺体が検出された遺跡は奄美大島で1遺跡、沖永良部島で1遺跡、沖縄諸島で7遺

表1　1990年以前に回収された貝塚時代の植物遺体

島嶼名	遺跡名	帰属時期	報告された植物遺体
奄美諸島	宇宿貝塚	前4期	堅果類
	神野貝塚	前4期	タブノキ
沖縄諸島	古我地原遺跡	前4期	タブノキ
	屋比久原遺跡	前4期	イタジイ
	長浜原遺跡	前5期	イタジイ
	苦増原遺跡	前5期	クスノキ科、コナラ属、イタジイ？、マメ科、シュロウクサキ
	高嶺遺跡	前5期	タブノキ
	前原遺跡	後1期	オキナワウラジロガシ
	渡喜仁原遺跡	後1期	イタジイ、マメ科

跡であった（上村1983；中山2009；渡辺1991、表1）。表1にみられるように、貝塚時代の遺跡から検出された植物遺体はイタジイなどの堅果類やタブノキなどで、栽培植物は1点も含まれていない。これらのデータは貝塚時代の人々が野生植物に依存していたことを示唆するものであった。しかしながら、出土したハード・データは質・量ともあまりにも乏しく、多くの研究者を納得させるものではなかった。栽培植物は1点も検出されていないのにも関わらず、後述するように貝塚時代には農耕が営まれていたという仮説が提唱されていた。果たして農耕は営まれていたのであろうか。それとも、奄美・沖縄諸島計9遺跡（表1）出土の乏しいハード・データが示唆するようにこの時代は野生植物の採集者の時代であったのであろうか。

　植物の種などはご存知のように小さいものが多い。それゆえ、発掘調査の現場では動物の骨や貝殻は目につくが、植物遺体を認識するのは困難なことである。庭で土いじりしていて、米粒があったとしても数粒では多分気付かないであろう。また、動物の骨や貝殻と比べて、炭化した植物遺体はとても脆い。指でつまむと簡単につぶれてしまうこともある。主にこれらの理由により、遺跡から植物遺体を回収することは並大抵のことではない。その結果、奄美・沖縄諸島の考古学者の間では、この地域では植物遺体を回収することは難しいと信じられるようになっていた。

　遺跡から回収することが容易ではない植物遺体を回収するために欧米では

第6章　先史時代の人々は何を食べたか ―植物食編　最前線―

図1　植物遺体を回収するフローテーション法

1960年代からフローテーションという方法が開発されていた（Crawford 1983、図1）。フローテーションとは英語ではFlotationで、浮く・浮かせるという意味がある。コーヒー・フロートやコーラ・フロートではアイスクリームを浮かせているが、この場合のフローテーションは遺跡からサンプルした土壌に含まれている炭化した植物遺体（種実）を浮かせて回収することを目的とする。

　図1を見ていただきながら、簡単にその方法を説明しよう。遺跡から土壌をサンプリングし、炭化物を浮かせるために土壌サンプルを乾燥させる。図1のフローテーションは二重構造になっており、透明なアクリルの容器に水をためる（③）。そこにステンレスの容器を入れる（②）。このステンレスの容器に乾燥した土壌サンプルを入れるのだが、この容器の底部は1mmのメッシュが張られており、理論的には発掘現場で見過ごされた1mm以上の魚などの動物の小骨や貝あるいは人工遺物が回収される（赤嶺・千田 2011）。つまり、炭化植物遺体以外にも現場では肉眼では目につかない小さな自然遺物や人工遺物を回収することができるのである。一方、土壌サンプルをステンレスの容器に入れるとそこから炭化物などが分離して、浮いてくる。この浮いてきたものを①で回収するのである。①は2.0mmと0.425mmを重ねたふるい（篩）で、0.425mm以上の炭化物を回収することができる。これらの篩で回収された炭化物などを顕微鏡で検証し、植物遺体を分類し、同定するのである。この方法は奄美諸島で1997年に初めて導入され、沖縄諸島ではそれより4年早く遺跡で利用された。上述したように、フローテーションは炭化植物遺体を検出することを目的として開発され、フローテーションを援用した地域では「フローテーション革命（Crawford 1983）」を起こしている。奄美・沖縄諸島でもフローテーションを利用することにより、多量の植物遺体を検出することができると予想し

たが、この地域では植物遺体を回収することはフローテーションを利用しても容易ではなかった。土壌サンプル量の割に回収された植物遺体は多くはなかった。しかしながら少量の回収された植物遺体から貝塚時代における植物食利用が徐々に判明しつつある。

Ⅳ. 貝塚時代の植物食利用

1. 貝塚時代後 1 期

　初めてフローテーション法が導入されたのは、1992年沖縄県読谷村に所在する高知口原貝塚であった（高宮 1998、遺跡の位置については図2参照）。後1期の遺跡で、後の炭素14年代測定法では115～425ADおよび375～560ADという年代を得た。出土土器や砂丘上という遺跡の立地は高知口原貝塚がこの時期の典型的な遺跡の一つであることを示している。後1期という時期に関しては2つの農耕仮説が提唱されていた。一つはかの著名な日本民俗学の父といわれる柳田国男による「海上の道」仮説である（柳田 1993）。柳田は日本文化の根源をなすものが水稲稲作であると考え、日本列島へもたらされた時期と経路を推測し、私たちが日常的に食するイネ（オリザ・サティバ・ジャポニカ、ジャポニカ米（*Oryza sativa japonica*）は、縄文時代の終わりから弥生時代の初めにかけて琉球列島を経由して南中国・台湾から半農半漁民によって日本列島へ紹介されたと説いた。二つ目のこの時期の農耕仮説は後1期農耕仮説（高宮廣衞 1985；1986）である。奄美諸島にはこの時期弥生式土器がサウチ遺跡（奄美市笠利町）から出土しており、この時期に農耕（おそらく水稲稲作）ももたらされたのではないか、と推察された。さらに沖縄諸島に目を向けると当時沖縄諸島の人々は「貝の道」あるいは「南海産貝交易」として知られる長距離交易を本土弥生人と行っていた。つまり、奄美・沖縄諸島の人々は農耕民との交流を通して農耕（水稲稲作）を知っていた可能性が高い。それゆえ、奄美・沖縄諸島の後1期の人々は農耕を受け入れたのではないか、という仮説である。

　このような仮説が提唱されていたので、これらの仮説を検証する上で高知口原貝塚は重要な遺跡であると考えられた。高知口原貝塚が著名な仮説を検証できる遺跡であることおよび奄美・沖縄諸島で初めてのフローテーション法を援

第6章　先史時代の人々は何を食べたか —植物食編　最前線—

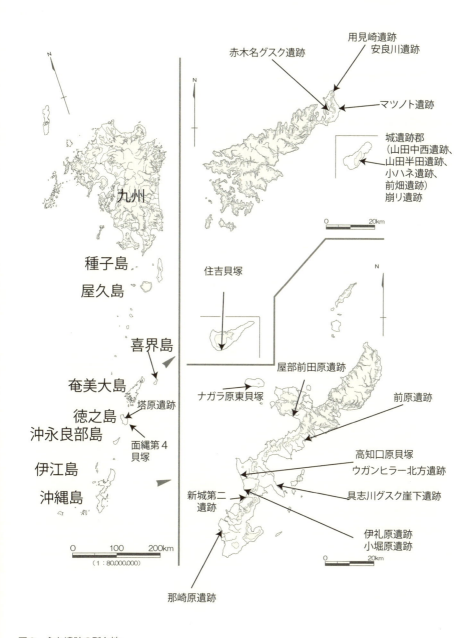

図2　主な遺跡の所在地

用するという遺跡であったこと、そしてそのためには「何か」を検出しなければならなかったことなどのプレッシャーなどから、この遺跡からは土嚢袋で300袋ほどの土壌をサンプリングした。それらをフローテーション処理し、浮遊物を実体顕微鏡で分類し、炭化種実の検出を行った。「フローテーションを実施すれば、炭化植物遺体は回収できるだろう」とある意味たかをくくって分析を始めた。最初の10サンプルには目的とするものは含まれていなかった。次の10サンプルも同様であった。そして50サンプルを見終えても植物遺体は検出されなかった。70、80、90サンプルも同様であった。「奄美・沖縄諸島の遺跡から植物遺体を検出することは難しい」というある大先輩がフローテーション導入前に述べた言葉がよみがえってきた。「フローテーションを試みても植物遺体は検出されないのか……」という落胆感とそれゆえ、奄美・沖縄諸島の先史時代における植物食利用はもう解明できないのか、というある種の絶望感を持ちつつ、95、96あたりのサンプルをみはじめた。そしてついに97番目のサンプルに同定可能な植物遺体を顕微鏡下で観察したのである。それはタブノキであった。97番目以降のサンプルからは少量ずつの植物遺体が検出された。その中にイネやアワなどの栽培植物は含まれていなかった。同定された植物遺体はイタジイ、タブノキ、シマサルナシや堅果類の皮などであった（図3）。この時期には農耕はなかった可能性が高い。

タブノキ
(*Machilus thunbergii* Kosterm.)
長さ×幅×厚さ：5.0×7.0×3.8mm

イタジイ
(*Castanopsis sieboldii* Hatushima)
長さ×幅×厚さ：5.7×3.5×1.8mm

ブドウ属
(*Vitis* sp.)
長さ×幅×厚さ：3.7×2.3×2.2mm

シマサルナシ
(*Actinidia rufa* Planch.)
長さ×幅×厚さ：1.7×1.1×0.9mm

図3　高知口原貝塚の遺跡より出土した主な植物遺体

2．貝塚時代後2期

　高知口原貝塚でのサンプリングを終了し、その年の後半からは那覇市に所在する那崎原遺跡（なーざきばる）という遺跡でサンプリングを行った。約9世紀から10世紀の

第6章 先史時代の人々は何を食べたか ─植物食編 最前線─

遺跡である。ここでのテーマは農耕の時代といわれているグスク時代直前の人々は狩猟採集を維持していたのか、あるいは農耕を開始していたのかというものであった。那崎原遺跡では発掘段階から個人的には身震いするような出来事があった。まず、鍬跡が250基以上もみつかった。また、農耕に関連すると解釈された溝跡も2本検出された。この遺跡は標高約20mの小高い丘陵上に立地し、この時期の典型的な遺跡立地であり、また立地的にも高知口原貝塚を考察すると生業の変遷があったことを示唆する遺跡であった。

そして2つ目の出来事は、（以前何度か書いたことがある出来事であるが）この遺跡から回収された土壌サンプルをフローテーション処理していた時の出来事であった。12月の作業終了後の夕方、プレハブの蛍光灯から若干離れている外のテントでの作業。あたりはすでに暗くなっていた。そして雨が降っていた。土壌サンプルをフローテーションに移し、撹拌していると「コトン」という音が回収用の篩から響いてきた。普段フローテーション作業を行っているとそれから流れる水の音しか聞こえてこない。まして雨も降っていたのである。「なんだろう？」とその音に引きずられるように篩に目を近づけると、上の2.00 mmの篩のはじに小さな黒いものがみえた。「炭化材にしては形が綺麗だ」。目を凝らして見るとイネにみえた。「ええっ？」以外言葉が出なかった。すぐに外のテントから電気のあるプレハブへ移動してじっくり観察してみた。明るいライトの下でみてもやはりイネだった。奄美・沖縄諸島（当時琉球列島でも）最古のイネの可能性があった。そこで発掘担当者那覇市教育委員会の島弘さんとたまたま遺跡を見学に来られていた前宜野湾市教育委員会の呉屋義勝さんおよび熊本大学の木下尚子さんにその黒いものを検証していただいた。異口同音に発せられた答えは「イネ」ということだった。

これらの出来事を頭の片隅に入れながら、那崎原遺跡より回収された浮遊物を分類し、植物遺体の検出・同定を行った。この遺跡からは少量であったが栽培植物が回収された。イネ2粒、オオムギ3片、コムギ1粒およびアワ2片であった（図4）。これだけ少量であれば、農耕を営んでいた人々との交易によって栽培植物を入手したとの解釈も成り立つ。しかし、那崎原遺跡ではこれらの栽培植物は、遺跡あるいは遺跡の近くで栽培された可能性が示唆された。それはまずは上述した250基以上の鍬跡と農耕に関連したと解釈された遺構

イネ
(*Oryza sativa* L.)
長さ×幅×厚さ：3.5×1.8×1.2mm

コムギ
(*Triticum aestivum* L.)
長さ×幅×厚さ：2.7×2.5×2.0mm

オオムギ
(*Hordeum vulgare* L.)
長さ×幅×厚さ：2.7×2.5×2.0mm

図4　那崎原遺跡より出土した主な植物遺体

検出である。加えて、回収された植物遺体には高知口原貝塚で報告された堅果類やタブノキなどは全く含まれていなかった。その代わりに、水田や畠の雑草と考えられるカヤツリグサ科やコミカンソウの種子が含まれていた。これらを総合的に解釈すると9世紀から10世紀以前に狩猟採集から農耕への変遷があった可能性が高いと思われた（高宮1996；1998）。

　つまり高知口原貝塚の時期は野生の植物に依存していた時代であり、那崎原遺跡の時期になると農耕が営まれていたことになり、狩猟採集から農耕への変遷は、この2つの遺跡の時期の間にあったことが想像されたのである。2000年前後にはこれら2つの遺跡の時期の間に属する遺跡で植物遺体を回収する機会に恵まれた。これらは熊本大学木下尚子さんによって発掘調査が実施された。まずは、奄美大島笠利町に所在する用見崎（ようみさき）遺跡である。4〜7世紀と8世紀の遺跡である。ここからはイタジイやタブノキなどの野生種のみが回収された（高宮1997）。次いで沖縄県伊江村（伊江島）に所在するナガラ原東貝塚であるが、その前にほぼ同時期にサンプリングがなされた安良川（あらごー）遺跡とマツノト遺跡（ともに笠利町）について述べる。前者が7世紀の遺跡で、後者は6〜10世紀の遺跡である。安良川遺跡からは堅果類の皮のみ得られ、マツノト遺跡からは目的とする植物遺体は含まれていなかった（高宮 2005b；2006a）。これらの結果は高知口原貝塚と那崎原遺跡の間の時期も野生植物に依存していたことを示唆するものであった。

　ところが1998年から発掘調査の行われたナガラ原東貝塚ではその初年度から衝撃的な「発見」があった。つまり、初年度に回収された植物遺体を分析するとイネが目に飛び込んできたのである。この「大発見」をいち早く熊本大学

第6章　先史時代の人々は何を食べたか —植物食編　最前線—

の木下さんと甲元眞之さんに電話報告した。甲元さんは第一次調査の土層断面図を確認してくださり、イネが検出された第III層は攪乱されているかもしれないというコメントを下さった。その時点で納得はできたが、この遺跡からはその下の第IV層からもイネが検出され、さらに発掘調査期間の4回の調査でもイネが回収された。つまり、イネはより古い層からも検出され、面的にも広がっていたのである（高宮 2003a）。その頃那崎原遺跡の農耕について、9世紀以前に農耕が受け入れられて徐々に那崎原遺跡の農耕となり、それがグスク時代の農耕になったのではないか、という仮説を抱いており、ナガラ原東貝塚の「発見」はこの仮説を支持するには好都合だった。しかし、上記の用見崎遺跡や安良川遺跡の結果は奄美大島には狩猟採集民がいたことを示している。農耕は奄美諸島を飛び越えて沖縄諸島に導入されたのであろうか、あるいはさらなる南からもたらされたのであろうか。この頃、ナガラ原東貝塚に携わった研究者は奄美・沖縄諸島における農耕のはじまりに関して、活発な議論を行っていた。

しかし、二つ目の衝撃的なニュースが木下さんをはじめとする研究者に届いた。2003年のことであった。ナガラ原東貝塚より検出されたイネを炭素14年代測定によって直接年代を測定したところ「現代」という結果だったのである（木下 2003）。いくつかのイネを測定したが、すべて「現代」であった。木下さんの研究者として素晴らしい点はその要因を関連分野の研究者と供に探求した点である。その結果、木下さんはイネなどの小粒のものが木の根の跡を辿って上から下に落ち込むという根成孔隙というメカニズムを割り出した（木下2006）。また、木下さんはナガラ原東貝塚の所在する土地の所有者への聞き取りによって、一昔前に炭化したイネをまいたという事実も判明した。ナガラ原東貝塚のイネは遠い過去のものではなかったのである。この遺跡からはコムギも1粒検出されていたが、それも年代測定の結果「現代」ということがわかった。ナガラ原貝塚から出土した植物遺体はイネを除くと用見崎遺跡や高知口原貝塚遺跡と同様にイタジイやタブノキなどの野生種で占められていた。以上のデータは貝塚時代後期の大部分が野生植物に依存する時代であったことを提示するものとなった。つまり、「海上の道」仮説も「後1期」農耕論も支持するデータは存在しない。では、貝塚時代前期の植物食利用はどうであろうか。

147

3．貝塚時代前5期

　貝塚時代前期に農耕があったのではないかという仮説も提唱されていた。まずは「前5期」農耕仮説（新田 1969）である。この時期の遺跡は丘陵上あるいは台地上に立地するという傾向にある。また、後1期や前4期と比較して動物遺体の回収量が激減する一方で、石皿などが増加する。これらの傾向はこの時期には動物食より植物食が重要であったことを示唆するものであった。その植物食を栽培植物とみなし、さらに丘陵上あるいは台地上という空間は農耕にも適していると想像された。前5期に属する遺跡は沖永良部島知名町に所在する住吉貝塚と徳之島天城町に所在する塔原（とうばる）遺跡でサンプリングを行った。両遺跡とも崖上にあり、開けた空間に立地しており、住居跡も検出されており、典型的な前5期の遺跡である。住吉貝塚では住居跡から初めて土壌サンプルを回収することができた。人は主に家で調理をしたり、食したりする。その結果、食べ物が口へと運ばれず、床にこぼれ落ちたりする。それゆえ、住居内は家屋外であった場所より、過去の人々が食したものを回収する確率が高くなる。貝塚時代後期のサンプルも遺構、特に食に関する遺構、からサンプルすることが望ましかったが、残念ながらそのような遺構は検出されなかた。それゆえ、住吉貝塚の分析は大きな期待を持って始めた。しかし、高知口原貝塚ほどではなかったが、なかなか植物遺体を含むサンプルがでてこなかった。結局1725リットルの土壌サンプルをフローテーション処理し、同定できた植物遺体は約320（粒／片）であった。それらはイタジイ、堅果皮、シマサルナシおよびタブノキであった（高宮 2006b）。

　塔原（とうばる）遺跡も運良く住居跡から土壌サンプルを回収することができた。ここでは、住吉貝塚の前例もあるので期待は半分ほどであったが、これまでの経験から「何かは入っているだろう」と楽観的な気分で分析を行った。この遺跡でも多量の土壌が大型の住居跡からサンプリングされた。しかし、やはり他の遺跡と同様でなかなか目的とする植物遺体は回収されなかった。結局この遺跡でも栽培植物は検出されず、シマサルナシや堅果類が主な出土植物遺体であった（高宮 2017a）。この結果は「前5期」農耕仮説を否定するものである。

4．貝塚時代前 4 期（『前 4 期』）

　前 4 期にも農耕があったのではないかという仮説も提唱されていた。これには 2 つの農耕仮説がある。まず、伊藤慎二さん（1993）によるもので（「前 4 期」農耕仮説、1993）、彼はこの時期の遺跡が本土の遺跡と比較して標高の高いところに所在することに着目した。伊藤さん（1993）によると本土の同時期の遺跡は標高 50 メートル以下に立地するのが多いのに対し、沖縄諸島の遺跡は 50 メートル以上に立地しているのが多いという。さらに、この時期の遺跡からは開けた空間に生息するオキナワヤマタニシというカタツムリが大量に検出されることを元に、伊藤さん（1993）はこの時期焼畑農耕が行われていたのではないか、という仮説を提唱した。一方、高宮（1993）は前述したように世界中の多くの島が狩猟採集で生存するには困難で農耕民によって初めて植民された点を元に、奄美・沖縄諸島の島々に初めて植民したのは農耕民で、その時期は前 3 期の終わりから前 4 期とし、この時期を『前 4 期』とした。簡単に言えば『前 4 期』に初めて人が奄美・沖縄の島嶼環境に適応し、彼らは農耕民であったという仮説である。初めて人が奄美・沖縄諸島に適応した時期が『前 4 期』という仮説は今日では伊藤慎二さん（2011）らによって否定されているが、果たしてこの時期に農耕があったのであろうか。

　1998 年はこのテーマに関して画期的（breakthrough）な遺跡が発見され、発掘調査の対象となった。すなわち、沖縄県宜野座村に所在する前原遺跡の発掘調査である。この遺跡の画期的な点は琉球列島で初めて低湿地の遺跡が発見され、発掘調査された点である。低湿地遺跡であるため保存が良好で舟の一部分や籠なども検出された。同様に発掘段階から籠に保存された大量の堅果類も確認された。植物遺体の分析は、大松・辻さん（1999）と高宮（1999）によってなされた。大松・辻（1999）さんらは主に籠に貯蔵された遺構より回収された植物遺体を分析した。そこからはおびただしい量の堅果類が検出され、それは主にオキナワウラジロガシであったという。その他の食料となりうる植物遺体はシイノキ属果実、マテバシイ属果実やヤマモモ核およびブドウ属であった。大松・辻（1999）さんの分析によると、オキナワウラジロガシを含むドングリ類を入れて少なくとも 50 分類群の植物遺体が得られたが、全て野生種の

みであった。また、高宮（1999）は主に水溜遺構と呼ばれた地下水が湧き出し、常に40〜50cmの水が溜まっていた遺構よりサンプリングをし、分析を試みた。貯蔵穴と異なりオキナワウラジロガシが多量に検出されることはなかったが、イタジイやタブノキ、シマサルナシなどが検出され、少なくとも30科の種実が同定され、不明（同定ができない植物遺体）を含めると50分類群以上含まれていた。しかし、大松・辻（1999）さんの分析結果と同様にそれらはすべて野生種であった。現在分析中の喜界島に所在する崩リ（くず）遺跡も前4期の遺跡であるが、他の貝塚時代の遺跡と同様に栽培植物は検出されていない（高宮 印刷中a）。「前4期」および『前4期』農耕仮説も支持されないようである。

5．新・海上の道仮説

　前5期および前4期を含む貝塚時代前期に農耕があったという仮説も提唱されている。この仮説は筆者が「新・海上の道」仮説と仮称している仮説で、イネの遺伝学で著名な佐藤洋一郎さん（1992）によって提唱された柳田国男とは異なる仮説である。アジアのイネは3亜種から構成されている。日本人が常日頃食するイネはオリザ・サティバ・ジャポニカである。他方、日本人の多くの方の口にあまり合わない（とよくいわれる）、しばしば外米とよばれるパサパサしたイネはオリザ・サティバ・インディカ（Oryza sativa indica）と分類される。さらに、東南アジアに分布するイネはオリザ・サティバ・ジャバニカ（Oryza sativa javanica）と呼ばれている。最近ではジャポニカ米とジャバニカ米が遺伝的に近い点から、前者を温帯ジャポニカ、後者を熱帯ジャポニカと表記する場合もある。さて、柳田国男の仮説は縄文時代の終わりから弥生時代の初めにかけて、温帯ジャポニカが琉球列島を経由して本土にもたらされたという仮説であった。佐藤（1992）さんは遺伝学的な考察からジャバニカ米が縄文時代（貝塚時代前期）のある時期に琉球列島をルートとして本土に導入されたという仮説を提唱した。上述したように前5期および前4期に関しては稲作を含む農耕はなかった可能性が高い。つまり、前1期〜前3期に農耕（それも稲作が）が存在したのかどうかが問題となる。最後にこの農耕仮説を実際のデータと比較してみよう。

6. 貝塚時代前2期

　2003年には上記の前原遺跡に続き、前2期に属する低湿地の遺跡が発見され、発掘調査の対象となった。伊礼原遺跡として知られる遺跡で、沖縄県の北谷町に所在する遺跡である。この遺跡も保存状態が良好で、ザルや櫛および石斧の柄などが出土している。と同時に大量の種実も検出された。その量は前述した前原遺跡に匹敵するかそれ以上のものであった。特筆すべき点の1つは「どんぐり塚」と呼ばれるシイ属果実やオキナワウラジロガシがびっしり詰まった廃棄場所と考えられる場所が検出されたことである。分析を担当した辻・大松・辻（2007）さんらによると「（どんぐり類の）果皮の破片が重なり合うように密集し、容積では果皮量の方が砂質堆積物をはるかにうわまっている（辻・大松・辻 2007：434）」程の堅果類が確認された。また、上述したザルからも多量のオキナワウラジロガシが貯蔵されていた。この遺跡では50分類群以上の植物遺体が報告されている。その中には琉球列島で初めてとなる栽培植物が報告されている。ヒョウタンである。ヒョウタンはアフリカ原産であるが完新世の古い時期にも日本やアメリカ大陸の遺跡から検出されており、伊礼原遺跡出土のヒョウタンも何らかの要因によりこの時期、沖縄までもたらされたのであろう。その他は全て野生種で、イネは含まれていない。

7. 貝塚時代前1期

　最近まで奄美・沖縄諸島の最古の土器は爪形文土器として知られるものであった。約6500年前である。その古さも要因であったのであろう、この時期の植物遺体は2004年までは未発見であった。しかし、この年前1期に属する植物遺体がようやく回収された。伊礼原遺跡の近隣に所在する北谷町と宜野湾市にまたがる新城下原第二遺跡という遺跡で、やはり低湿地の遺跡であった。その遺跡の最下層が爪形文土器を含む層であった。全体的に爪形文土器を含む時期の範囲は狭く、それほど多くの土壌をサンプリングすることはできなかった。しかし、出土した植物遺体を分類・同定すると30分類群以上の植物遺体が確認できた（高宮 2006c）。伊礼原遺跡や前原遺跡のように堅果類は含まれていなかったが、花粉分析を実施したパリノ・サーヴェイ株式会社によると、

近隣にはブナ科の森が存在していたようである（パリノ・サーヴェイ株式会社：2006）。おそらく新城下原第二遺跡の人々も堅果類を利用したであろう。同定された中で食料となる植物はヤマモモやシマサルナシであったが、これらを含み検出された植物遺体は全て野生種のもので、イネを含む栽培植物は存在していない。

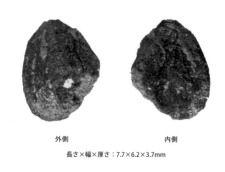

図5　半川遺跡より出土した1万1200年前のシイ属

　最近のビッグニュースとして、奄美大島龍郷町に所在する半川(はんごー)遺跡出土のシイ属の検出がある。小面積の発掘調査から多量のシイ属子葉が検出された。当初前2期と推察されていたが、遺跡より検出されたシイ属子葉2点を炭素14年代年代測定法で年代を測定したところ、2点とも約1万1200年前という測定結果を得た（奄美新聞 2017；南海日日新聞 2017 などの新聞報道；高宮 印刷中 b、図5）。土器も出土しているため、旧石器時代ではなく貝塚時代前1期としたが、そのころから島に住む人々はシイ属を利用していたことが判明したのである。半川遺跡出土のシイ属は琉球列島最古と思われたが、ほぼ同時期に沖縄県に所在する旧石器時代のサキタリ洞遺跡からもシイ属が報告された。この場合は半川遺跡の倍の古さの約2万年前という（松元・宮城 2017）。これらの情報はかなり古い頃からシイ属がコンスタントに利用されていたことを示している。

8．貝塚時代前3期

　貝塚時代前4期の後に前3期を飛ばして、前2期・前1期に話を進めた。この時期の植物遺体は、フローテーションが実施されずまた低湿地遺跡の存在と調査もなく、皆無であった。ただし、前2期・前1期が野生植物を利用する時期で、前4期も同様の生業であったことが判明しつつあり、そのためその間の時期の前3期も野生植物利用と考察していた。その理由は島嶼環境という島の

環境にある。農耕と狩猟採集を比較して唯一前者が後者に「優る」点があるとするとそれは単位面積当たりの収穫量が断然多くなるという点である。つまり、食資源が豊富になるということであり、食料が増えると人口も増加する。増加した人口をまかなうために農耕の継続とおそらく集約化があったとしても、食資源の乏しい島嶼環境で狩猟採集に戻ることはおそらくありえないであろうと考えたからである。それゆえ、前3期も狩猟採集の時代と解釈していた。そしてようやく最近になって前3期から前4期の遺跡より回収された植物遺体を検証する機会があった。徳之島伊仙町に所在する面縄第4貝塚である。同定された植物遺体は1片の堅果類子葉と2粒のシマサルナシ（高宮 2016）と少なかったが、上記の仮説を支持するものである。つまり、今日までのデータは前1期から前3期にかけても狩猟・漁労・採集の時代で、このころ稲作を行っていたことを示すものはない（高宮 2017b）。

　これにより、貝塚時代前1期から貝塚時代後2期まで奄美・沖縄諸島は継続して狩猟採集民がいた島であった可能性が非常に高くなった。バックグラウンドで記したように例外的に狩猟採集民の存在した島はいくつか知られている。しかし、奄美・沖縄諸島は上記した1）〜4）（それゆえ5も）は一つも当てはまらない。世界的にこのような島嶼環境で狩猟採集民が数千年も生活を営んでいた島は他にない可能性もある。国際会議などでこの事例を報告し、このような島の例が他にあれば教えていただきたいと何度か質問したが、今の所そのような事例を聞くことはない。さらに、世界的権威である学際的雑誌 The Holocene という雑誌に「狩猟採集民のいた島、奄美・沖縄諸島」というタイトルで論文を投稿したところ、運良く2015年に受理された（Takamiya, H., M. Hudson, H. Yonenobu, T. Kurozumi and T. Toizumi 2015）。何人かの審査員の審査によって受理されるわけであるが、そのうちの一人のコメントが「面積の狭い、資源の少ない島においては狩猟採集では存在できないと考えられていたが、この奄美・沖縄諸島のケースはこの考えを否定するものである」というものであった。また、掲載されて2年が経つが、今の所反論・反証はない。それゆえ奄美・沖縄諸島の貝塚時代は世界的に稀有な情報を提供するのである。しかし、このような島嶼環境でもついに農耕の時代が幕を切って落とされることになる。

V．奄美・沖縄諸島における農耕の始まり

　貝塚時代に農耕があったのではないかという仮説が提唱されていたが、この時代は狩猟・採集・漁労の時代であったことがほぼ確実となった。つまり、那崎原遺跡の結果が示すように、狩猟・採集・漁労から農耕への変遷は貝塚時代の終わりからグスク時代の間の時期に起こった可能性が示唆された。しかしながら、那崎原遺跡の場合、出土した栽培植物の植物遺体が直接年代測定されていない。ナガラ原東貝塚の同じ轍を踏む可能性も十分にあった。しかし、2000年代に入り、新たな遺跡から那崎原遺跡を支持するデータが得られ始めた。結果を先に述べると、フローテーションにより回収された植物遺体は奄美・沖縄諸島における農耕の始まりの時期をピンポイントで突き止めることに成功したのである。2000年代に入り、貝塚時代の終わりからグスク時代初期に属する遺跡が次々と発掘調査され、遺構などから土壌がサンプリングされ、フローテーション処理された。

　まず、奄美諸島の遺跡からみていこう。グスク時代の古い段階の遺跡で初めてフローテーションが実施されたのが奄美市笠利町に所在する赤木名グスク遺跡であった。出土遺物から12世紀から13世紀と推察された。これまでのフローテーション体験記で読者の方々も「奄美・沖縄諸島の遺跡からはこの新しい方法を利用しても植物遺体を検出することは容易ではない」という印象を受けられたのではないであろうか。その意味では赤木名グスク遺跡はショッキングな遺跡であった。土坑というただ一つの遺構からたったの6リットル程の土壌をサンプルしたのみであり、そのため良好な結果は期待できない、という予想を抱いていた。しかし、そのたった6リットルの土壌サンプルには200粒ほどの植物遺体が含まれていたのである。さらに驚嘆したのはそのうちの約180粒がイネであったことである（高宮2003b）。グスク時代の農耕はイネが中心であったのかもしれないという解釈を提示した遺跡であった。赤木名グスク遺跡ではプラントオパールの分析も行われ、その結果多量のイネのプラントオパールが検出され、分析者の宇田津・藤原・橋本さんらは「赤木名グスクの時代、グスク周辺で稲作が営まれていたことはまず間違いない（宇田津・藤原・橋本

2003：72）」と述べている。

　しかし、奄美諸島の初期農耕はそれほど単純ではなかった。次に喜界島喜界町に所在する今世紀最大の発見ともいわれる城久(ぐすく)遺跡群の分析結果について述べる。城久遺跡群は三つの時期、すなわち9世紀後半から10世紀前半、11世紀後半から12世紀前半および13世紀から15世紀後半、から成り立っている遺跡である。また、ほぼ同時期に8つの遺跡が存在していた（澄田・野﨑2007）。この遺跡群の最大の特徴は出土遺物や遺構が島外との関連性、特に大宰府との関連性が強い遺跡であることを示した点である。

　城久遺跡群でフローテーションの対象となったのは山田中西遺跡（高宮2008）、山田半田遺跡（高宮2009）、前畑遺跡（高宮・千田2011a）および小ハネ遺跡（高宮・千田2011b）の4遺跡であった。主に11世紀後半から12世紀中頃のサンプルであった。大宰府と関連性のある遺跡群ということで、そこに住んだ人々がどのような植物食を利用していたか大変興味のそそるサンプルであった。また、赤木名グスク遺跡の経験から、この時期の遺跡であれば、多量の植物遺体を回収することができることを期待した。しかし、検出され、同定できた植物遺体は期待ほどではなかった。その少量の同定された植物遺体からみえてきた点で大変興味深い点は各遺跡における植物食利用が異なっていたことである。大宰府との関連性と赤木名グスク遺跡の成果から、恐らくイネが主食であったであろうと想定したが、赤木名グスク遺跡のような植物食利用を示す遺跡はなかった。強いて言うならば山田半田遺跡でイネが出土植物遺体の約70％を占めたくらいであった。山田中西遺跡ではイネとオオムギが各36％、前畑遺跡ではムギ類（オオムギかコムギであるが、そのどちらかに同定するには特徴の欠ける試料）が41％を占め、それにアワ（28％）とオオムギ（21％）が次ぐ。小ハネ遺跡ではオオムギが33％で、アワ（22％）、ムギ類（19％）およびコムギ（13％）であった。これら4遺跡とほぼ同時期と考えられるが、年代測定を行っていない大ウフ遺跡ではオオムギが48％であった（高宮・千田2013）。これら5遺跡はほぼ同時期の遺跡で狭い空間に位置し、サンプリングは柱穴や土坑墓から主になされたが、なぜこのような結果が得られたのであろうか。今後の同時期の分析により答えが見出せるかもしれない。

　奄美諸島の貝塚時代末からグスク時代初期にかけての遺跡で分析をしていた

頃とほぼ同時期に沖縄島でも土壌のサンプリングおよびフローテーション処理をする機会を得た。沖縄島で分析の対象となったウガンヒラー北方遺跡（読谷村、高宮・千田 2012a）、小堀原遺跡（北谷町、高宮・千田 2012b）および屋部前田原貝塚（名護市、千田 2010）は出土遺物から 11 世紀後半から 12 世紀という年代が推察された。奄美大島や喜界島のサンプルとは異なり、これら 3 遺跡より出土した植物遺体からはある程度の傾向が読み取れた。つまり、アワが主食であったと思われる傾向である。具体的に述べると屋部前田原貝塚ではアワ（34 %）で、イネ（20 %）であった。この傾向はウガンヒラー北方遺跡や小堀原遺跡になるとより顕著になる。すなわち、前者ではアワが約 60 % を占めコムギが 15 % と次ぐ。後者ではアワは 75 % であり、他の栽培植物は 10 % 以下であった。これらの傾向から、奄美諸島とは異なり沖縄島の初期農耕はアワが重要な役割を果たしていたと考えられる。

　これらの遺跡における調査の結果、貝塚時代末からグスク時代初期にかけて狩猟採集から農耕への変遷があったことが明らかになった。遺物から推察される遺跡の年代からは、奄美諸島と沖縄島の遺跡の年代は 11 世紀後半から 12 世紀前半となっている。そこで、実際にいつ頃農耕が両諸島に導入されたのかを検証するために、それぞれの遺跡から出土した栽培植物を炭素 14 年代測定法によって年代を確認してみた。それぞれの遺跡から栽培植物 3 粒を年代測定にかけた。沖縄島においては、上記 3 遺跡に加えてグスク時代と考えられた具志川グスク崖下遺跡を加えた（高宮・千田 2014、表 2）。これらの結果から、農耕は奄美諸島では 8 世紀から 12 世紀に農耕への変遷があり、沖縄島では 10 世紀から 12 世紀にその変遷があったことが判明した。この年代測定の結果は、農耕は奄美諸島で沖縄島より若干早く取り入れられたことがわかる。すなわち、奄美諸島と沖縄島（おそらく沖縄諸島）の農耕は北から南へ導入されたのであろう。ただし、奄美・沖縄諸島における長い先史時代を考察すると、奄美・沖縄諸島への農耕の拡散はほぼ同時期と言ってもよいであろう。これらの研究によって那崎原遺跡の農耕も信憑性が高くなったが、やはり出土栽培植物の年代測定を行うまでは、確実なデータとはいえないであろう。

　今後は、なぜこの時期にほぼ同じタイミングで農耕が導入されたのか、その農耕はその後どうなったのかが重要なテーマとなる。

第6章　先史時代の人々は何を食べたか ―植物食編　最前線―

表2　貝塚時代末からグスク時代初期の遺跡より回収された栽培植物の炭素14年代

	遺跡名	サンプル	cal^{14}C年代（2σ）
喜界島	小ハネ遺跡	イネ	1140-1230AD
		コムギ	1020-1160AD
		オオムギ	972-1047AD
	前畑遺跡	イネ	940-1020AD
		オオムギ	1150-1230AD
		オオムギ	770-890AD
	山田半田遺跡	イネ	1020-1160AD
		イネ	950-1030AD
		オオムギ	1020-1160AD
奄美大島	赤木名グスク遺跡	イネ	1030-1160AD
		イネ	1030-1170AD
		イネ	1120-1220AD
沖縄島	屋部前田原遺跡	イネ	1020-1160AD
		コムギ	970-1050AD
		オオムギ	1020-1160AD
	ウガンヒラー北方遺跡	イネ	1020-1160AD
		コムギ	990-1060AD
		オオムギ	1020-1160AD
	小堀原遺跡	アワ	1030-1170AD
		オオムギ	970-1040AD
		イネ	1060-1160AD
	具志川グスク崖下遺跡	オオムギ	1030-1160 AD
		コムギ	1220-1280AD
		イネ	1180-1150AD

VI. 結論・まとめ

　100年以上の考古学および発掘調査の実績のある奄美・沖縄諸島ではあるが、貝塚時代の植物食利用や農耕の始まりの時期およびその時期の農耕の内容については約20年前まではいわば暗中模索の状態であった。1990年代よりフローテーション法が導入され、さらに保存状態の良い低湿地遺跡の発見・発掘調査により、ようやく上記のテーマに関する答えがみえてきた。

まず、貝塚時代についてであるが、フローテーション導入以前には奄美・沖縄諸島では計9遺跡から野生植物遺体が報告されていたが、それらは質・量ともに乏しく、この時代に農耕があったのではないかという仮説も提唱されていた。しかしながら、この20年ほどにおける研究結果から判明しつつあることは、貝塚時代の人々は栽培植物ではなく、野生種に依存していたことである。その中心をなすのがシイの実などの堅果類である。つまり、貝塚時代は狩猟・採集・漁労の時代であった。奄美・沖縄諸島のような島で狩猟・採集・漁労民が存在した島はおそらく世界の他の地域には存在しないであろう。この地域で野生種によって生存できた大きな要因は堅果類とサンゴ礁資源（とイノシシ）の利用によるものであろう。このような動植物利用によって島嶼環境に数千年適応したという事実は人類史（および世界史）に新島嶼型狩猟採集民の例として新たなページを提供するものである。

　次に狩猟採集から農耕への変遷の時期が近年の研究によってようやく明らかになりつつある。奄美諸島および沖縄諸島の貝塚時代の終わりからグスク時代の初めにかけての遺跡より回収されたイネ、オオムギ、コムギあるいはアワを直接年代測定によって年代測定を実施したところ、奄美諸島では8～12世紀、沖縄諸島では10～12世紀に農耕が始まったことが理解された。この事実は奄美・沖縄諸島における農耕は北から南へと伝播したことを示しているが、数千年の貝塚時代を考慮するとこの生業の変遷はほぼ同時期に両諸島で起こったと解釈していいと思われる。また、この初期農耕は奄美・沖縄諸島で興味深いデータを提供している。後者ではアワを中心とした農耕であったが、前者では後者と同様な傾向はみてとれなかった。研究対象となった遺跡から、異なった食性が示されたのである。なぜ沖縄諸島ではアワが中心となり、奄美諸島ではこのような傾向が見られなかったのであろうか。今後の興味深い研究テーマの一つである。

　さて「狩猟採集から農耕への変遷の時期が判明した」とさりげなく述べたが、この点も世界的なレベルでみると大変貴重な情報である。つまり、島としてみた場合、狩猟採集から農耕への変遷のあった島はほとんどないと思われる。前述したように世界中の大半の島は農耕民によって植民され、狩猟採集の時代は存在しない。また、例外的に狩猟採集民のいた島はヨーロッパ人が「（再）発見」

するまで狩猟採集の時代で農耕の時代はなかった。つまり、奄美・沖縄諸島はこの点でも世界的に大変貴重なデータを提供する。さらに、今後はなぜ貝塚時代の終わりからグスク時代の初めにかけて狩猟採集から農耕への変遷があったのかが重要な研究テーマとなる。貝塚時代後1期には本土弥生人との交流・交易もあり、稲作農耕民の存在はこの地域でも知られていたであろう。その後も奄美・沖縄諸島の人々は度々農耕民と接触していたが、彼らは農耕へは飛びつかなかった。なぜ、この地域ではその後の貝塚時代の終わりからグスク時代の初めにかけて農耕へと変遷していったのであろうか。この点も今後検証を必要とする興味深いテーマである。

　奄美・沖縄諸島の先史時代は「島」として、そして「世界レベル」で考察すると世界的に大変珍しい文化現象があったことが判明しつつある。これからの奄美・沖縄諸島の先史学はこの2点も頭の片隅において研究を実施すべきであろう。将来的には新たな稀有な文化現象が発見されるかもしれない。

謝辞

　奄美・沖縄諸島でこのような研究ができたことは、多くの地元の研究者のご理解・ご協力があったおかげである。その数は膨大なものとなり、ここにお名前を挙げることは紙幅の都合上今回はできないが、これらの皆様に心より感謝申し上げたい。私が多忙だった頃（2009〜2014年）に植物遺体の分析を実施してくれた前札幌大学・現（株）文化財サービスの千田寛之さんには大変な5年間を体験していただいたが、彼の分析により初期農耕が明らかになった。また、遺跡分布図の原図は金武町教育委員会安座間充さんによるものである。お二人に感謝申し上げたい。

参考文献
赤嶺信哉・千田寛之 2011「琉球列島先史・原史時代遺跡におけるフローテーション法の有効性」『南島考古』30:73-84
奄美新聞 2017年4月8日「琉球列島最古の植物遺体」
伊藤慎二 1993「琉球縄文文化の枠組み」『南島考古』13:19-34
伊藤慎二 2011「先史琉球社会の段階的展開とその要因―貝塚時代前I期仮説」『先史・

原史時代の琉球列島〜ヒトと景観』高宮広土・伊藤慎二（編）pp.43-60 六一書房：東京

宇田津徹朗・藤原宏志・橋本将幸 2003「奄美大島の遺跡土壌のプラント・オパール分析―赤木名城、用見崎遺跡、宇宿小学校校内遺跡の遺跡土壌について―」『赤木名グスク遺跡』笠利町教育委員会（編）pp.70-74 笠利町教育委員会：笠利町

大松しのぶ・辻誠一郎 1999「前原遺跡から産出した大型植物遺体群」『前原遺跡』宜野座村教育委員会（編）pp.259-275 宜野座村教育委員会：宜野座村

沖縄県教育委員会 1998『沖縄県史ビジュアル版　港川人と旧石器時代の沖縄』沖縄県教育委員会：那覇市

上村俊雄 1983『南西諸島の先史時代に於ける考古学的基礎研究』鹿児島大学法文学部考古学研究室：鹿児島市

木下尚子 2003「遺物包含層における現代イネ混入の検討」『先史琉球の生業と交易（改訂版）』木下尚子（編）pp.229-236 熊本大学：熊本市

木下尚子（編）2006『先史琉球の生業と交易2』熊本大学：熊本市

佐藤洋一郎 1992『稲のきた道』掌華堂：東京

澄田直敏・野﨑拓司 2007「喜界島城久遺跡群の調査」『東アジアの古代文化』130（冬）：46-52

高宮廣衞 1985「沖縄のいわゆる後期遺跡について―弥生文化との関連において―」『日本史の黎明　八幡一郎先生頌寿記念考古学論集』八幡一郎先生　頌寿記念考古学論集編集委員会(編)pp. 311-333 六興出版：東京

高宮廣衞 1986「沖縄と弥生文化」『弥生文化の研究 9 弥生人の世界』金関恕・佐原眞（編）pp.137-143 雄山閣：東京

高宮広土 1993「先史時代の沖縄本島におけるヒトの適応過程」『古文化談叢』30（下）：1089-1107

高宮広土 1996「古代民族植物学的アプローチによる那崎原遺跡の生業」『那崎原遺跡』那覇市教育委員会（編）pp.83-100 那覇市教育委員会：那覇市

高宮広土 1997「用見崎遺跡（奄美大島笠利町）におけるフローテーション法の導入とその成果について」『考古学研究室報告書』33: 89-100

高宮広土 1998「植物遺体からみた柳田国男『海上の道』説」『民族学研究』63(3):283-301

高宮広土 1999「栽培植物の探索」『前原遺跡』宜野座村教育委員会（編）pp.259-275 宜野座村教育委員会：宜野座村

高宮広土 2003a「植物遺体からみた奄美・沖縄諸島の農耕のはじまり」『先史琉球の生業と交易（改訂版）』木下尚子（編）pp.35-46 熊本大学：熊本市

高宮広土 2003b「赤木名グスク出土の植物遺体（速報）」『赤木名グスク遺跡』笠利町教育委員会（編）pp.66-67 笠利町教育委員会：笠利町

高宮広土 2005a『島の先史学：パラダイスではなかった沖縄諸島の先史時代』ボーダーインク：那覇市

高宮広土 2005b「安良川遺跡出土の植物遺体」『安良川遺跡』笠利町教育委員会（編）pp.69-72 笠利町教育委員会：笠利町

高宮広土 2006a「南島中部圏における植物食利用復元の意義」『先史琉球の生業と交易2』木下尚子（編）pp.89-100 熊本大学：熊本市

高宮広土 2006b「住吉貝塚出土の植物遺体」『住吉貝塚』知名町教育委員会（編）pp.100-107 知名町教育委員会：知名町

高宮広土 2006c「植物遺体」『新城下原第二遺跡』沖縄県立埋蔵文化財センター（編）pp.287-294 沖縄県立埋蔵文化財センター：西原町

高宮広土 2008「山田中西遺跡出土の植物遺体：速報」『城久遺跡群　山田中西遺跡II』喜界町教育委員会（編）pp.99-100 喜界町教育委員会：喜界町

高宮広土 2009「山田半田遺跡より出土した植物遺体」『城久遺跡群　山田半田遺跡（山田半田A遺跡・山田半田B遺跡）』喜界町教育委員会（編）pp.177-182　喜界町教育委員会：喜界町

高宮広土 2016「面縄第1貝塚、面縄第4貝塚出土の植物遺体」『面縄貝塚　総括報告書』伊仙町教育委員会（編）pp.140-141 伊仙町教育委員会：伊仙町

高宮広土 2017a「塔原遺跡出土の植物遺体」『塔原遺跡(4)』天城町教育委員会（編）pp.77-86 天城町教育委員会：天城町

高宮広土 2017b「奄美・沖縄の遺跡植物遺体からみた柳田国男『海上の道』仮説：その後」『南島考古』36: 187-202

高宮広土 印刷中a「崩リ遺跡出土の植物遺体」『崩リ遺跡（仮題）』喜界町教育委員会（編）喜界町教育委員会：喜界町

高宮広土 印刷中b「半川遺跡（中山）出土の植物遺体」『中山清美氏追悼論集（仮）』

中山清美氏追悼論集編集委員会（編）中山清美氏追悼論集編集委員会

高宮広土・B. Chisholm 2004「沖縄諸島縄文時代晩期人および近世人は何を食べたか―炭素・窒素安定同位体比分析による食性の復元」『グスク文化を考える』今帰仁村教育委員会（編）pp.401-416 今帰仁村教育委員会：今帰仁村

高宮広土・千田寛之 2011a「城久遺跡群　前畑遺跡出土の植物遺体」『城久遺跡群　前畑遺跡・小ハネ遺跡』喜界町教育委員会（編）pp.175-178 喜界町教育委員会：喜界町

高宮広土・千田寛之 2011b「城久遺跡群　小ハネ遺跡出土の植物遺体」『城久遺跡群　前畑遺跡・小ハネ遺跡』喜界町教育委員会（編）pp.276-278 喜界町教育委員会：喜界町

高宮広土・千田寛之 2012a「読谷村楚辺ウガンヒラー北方遺跡出土の植物遺体」『南島考古』31: 75-85

高宮広土・千田寛之 2012b「小堀原遺跡出土の植物遺体」『小堀原遺跡』北谷町教育委員会（編）pp.349-358 北谷町教育委員会：北谷町

高宮広土・千田寛之 2013「大ウフ遺跡より検出された植物遺体」『城久遺跡群　大ウフ遺跡・半田遺跡』喜界町教育委員会（編）pp.208-215 喜界町教育委員会：喜界町

高宮広土・千田寛之 2014「琉球列島先史・原史時代における植物利用：奄美・沖縄諸島を中心に」『琉球先史・原史時代における環境と文化の変遷に関する実証的研究　研究論文集　第 2 集　琉球先史・原史時代における環境と文化の変遷』高宮広土・新里貴之（編）pp.127-142 六一書房：東京

千田寛之 2010「屋部前田原貝塚遺跡 II 区第 3 号掘立柱建物跡出土の植物遺体報告」『南島考古』29: 99-112

辻誠一郎・大松しのぶ・辻圭子 2007「伊礼原遺跡の植物遺体群」『伊礼原遺跡』北谷町教育委員会（編）pp.433-443 北谷町教育委員会：北谷町

中山清美 2009『掘り出された奄美』財団法人奄美文化財団：奄美市

南海日日新聞 2017 年 4 月 9 日「1 万 1200 年前に採集生活か」

新田重清 1969「最近の沖縄における考古学会の動向」『琉大史学』創刊号：61-70

パリノ・サーヴェイ株式会社 2006「新城下原第二遺跡（II 区下層）の自然科学分析」『新城下原第二遺跡』沖縄県立埋蔵文化財センター（編）pp.311-328 沖縄県立埋蔵文

化財センター：西原町

松元美由紀・宮城ゆりか 2017「沖縄県南城市サキタリ洞遺跡出土の大型植物遺体（予報）」『サキタリ洞遺跡発掘調査概要報告Ⅳ』沖縄県立博物館・美術館（編）pp.95-101 沖縄県立博物館・美術館：那覇市

南種子町教育委員会 2005『横峯C遺跡』南種子町教育委員会：南種子町

柳田国男 1993『海上の道（第19刷）』岩波書店：東京

米田穣 2010「日本人への旅 食生態にみる縄文文化の多様性―北海道と琉球諸島から考える」『科学』80(4): 383-388

渡辺誠 1991「喜友名東原ヌバタキ遺跡出土の植物遺体」『ヌバタキ』宜野湾市教育委員会（編）pp114-121 宜野湾市教育委員会：宜野湾市

Cherry, J. F. 1981 "Pattern and Process in the Earliest Colonization of the Mediterranean Islands" *Proceedings of the Prehistoric Society* 47: 41-68

Crawford, G. W. 1983 *Paleoethnobotany of the Kameda Peninsula Jomon*. Museum of Anthropology, University of Michigan: Ann Arbor

Erladson, J. M. 1991 "Early Marine Adaptations of the Northern Channel Islands" *Hunter-gatherers of Early Holocene Coastal California*, eds. by J. M. Erlandson and R. H. Colton, pp.101-111 UCLA: Los Angeles

Keegan, W.F., J. M. Diamond 1987 "Colonization of Islands by Humans: a biogeographical perspective" *Advances in Archaeological Method and Theory*, ed. by M. Shiffer, pp.49-92 Academic Press: New York

Takamiya, H., M. J. Hudson, H. Yonenobu, T. Kurozumi and T. Toizumi 2015 "An Extraordinary Case in Human History: prehistoric hunter-gatherer adaptation to the islands of the Central Ryukyus (Amami and Okinawa archipelagos), Japan" *The Holocene* 26(3): 408-422. DOI: 10.1177/0959683615609752

White, P. 2004 "Where the Wild Things Are: prehistoric animal translocateion in the circum New Guinea archipelago" *Voyages of Discovery: The Archaeology of Islands*, ed. by Scott M. Fitzpatrick, pp.147-164 Praeger: Westport

コラム8

炭素・窒素同位体比分析からわかる先史時代の食性

高宮広土（鹿児島大学国際島嶼教育研究センター）

I. はじめに

　文字のない時代の人たちがどのようなものを食べたのかを理解する中心的なアプローチは貝類遺体分析（黒住章）、脊椎動物遺体分析（樋泉章）および植物遺体分析（高宮章）で示された方法であり、これらをここでは「伝統的」なアプローチと呼ぶ。これらの方法に加えて、1980年代に「炭素・窒素同位体比分析」という画期的なアプローチが先史学・考古学に導入された。もう30年以上前になるが、初めてこの方法を援用して過去の人々の食性を復元した発表を聞いた時は、夢のような方法に聞こえ身震いしたことを昨日のように覚えている。「伝統的」な方法では検出された動物遺体や植物遺体をもとに分析対象の遺跡において何が主に食べられていたかを推測することができるが、実際にそれが主食料源であったかどうかはわからない場合がある。例えば、貝類、魚骨あるいはイノシシなどの陸上の動物骨やイネなどがある遺跡から検出されていたとしよう。この遺跡の人たちにとって海の資源が重要であったのか、あるいは陸の資源が重要であったのか、を「伝統的」な方法では知ることは難しい場合がある。それは過去に食された食料の保存状態や遺跡からのサンプリングの方法などにより「伝統的」な方法によって提示された過去の食性にはバイアスがかかっている場合があるからである。この「伝統的」な復元方法に加えて、過去の食性をより詳細に理解する分析方法が炭素・窒素安定同位体比分析である。この方法により過去の人が実際何を食べたか（より正確には後述するようにどのカテゴリーの食料を食べたか）を知る手がかりを提供する。奄美・沖縄諸島でもこの方法が実施されており、またシンポジウムでもその報告がな

コラム 8　炭素・窒素同位体比分析からわかる先史時代の食性

されたので、ここで奄美・沖縄における炭素・窒素安定同位体比分析による食性復元について簡単に例示したい。

Ⅱ．炭素・窒素安定同位体比分析による食性の復元

人の食料となる動植物種は、炭素・窒素安定同位体比によりいくつかの大きなカテゴリーに分けることができる（図1）。まず、イネ、オオムギ、コムギおよびドングリなどの植物はC3植物、そしてアワ、キビおよびトウモロコシなどはC4植物に分類されている。横軸に炭素安定同位体比、縦軸に窒素安定同位体比を記した図1を参照しつつ、覚張・米田（2013）をもとにこの方法について説明したい。C3植物の炭素・窒素安定同位体比は炭素が約 − 19 ‰（‰は千分率「パーミル」；1/1000 = 0.1 ％=1 ‰）から約 − 23 ‰および窒素が約 2 〜 7 ‰である。一方C4植物の炭素同位体比は約 − 9 〜 − 14 ‰であるが、窒素のそれはC3植物と同程度である。1980年代にわかったことは先史時代の人骨（髪の毛や爪などの有機物も利用できるが、先史時代は主に人骨を利用している）に含まれているタンパク質（コラーゲン）を分析するとC3植物を食べ

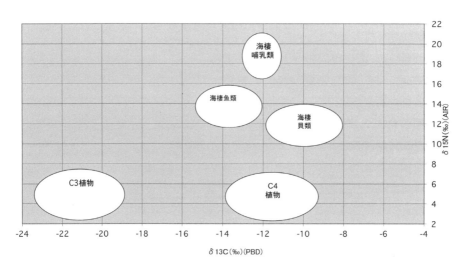

図1　動植物の炭素・窒素安定同位体比分布
（覚張・米田2013；高宮・Chisholm 2004を参考にした。分布はおおよその分布を示している）

ていたらC3に似たような値が、C4植物を主に食していたらC4植物に近い値が得られるということである。例えば、アメリカのある遺跡出土の人骨の炭素安定同位体比分析からは約 − 7 ‰の結果を得、その人骨の持ち主がトウモロコシを主食としていたことが判明した。

またそのころ、窒素安定同位体比により過去の人が主に陸のものを食していたのか、あるいは海資源に依存していたのかが理解できることが明らかになった。つまり、海の食資源は窒素安定同位体比が陸の植物食や動物食より高いことが理解された。海棲魚類の炭素同位体比は約 − 13 〜 − 15 ‰で、窒素安定同位体比は約 12 〜 15 ‰である。またアザラシなどの海獣の安定同位体比は炭素が約 − 11 〜 − 13 ‰で、窒素安定同位体比は約 17 〜 21 ‰である。炭素・窒素同位体比をもとにその人骨の持ち主が陸資源に依存していたのか、あるいは海資源から主に食料を得ていたのかを追求することが可能であり、海資源にしても魚類を多く摂取していたか、あるいは海獣を積極的に利用していたのかを検証することができる。また、環境によってはC3植物とC4植物あるいは植物食と海産物を利用できる人々もいる。先史時代の人々がこれらのカテゴリーから食料を得ていたとしたら、彼らの安定同位体比はそれぞれのカテゴリーからの摂取量に応じた値が期待される。以下に奄美・沖縄諸島における炭素・窒素安定同位体比分析による先史時代の食性復元についていくつか述べる。

Ⅲ. 炭素・窒素安定同位体比分析による奄美・沖縄諸島先史時代人の食性

少し古いデータであるが、まず、高宮・Chisoholm（2004）から始めよう。ここでは貝塚時代前5期の人骨21サンプルと近世人骨10サンプルの炭素・窒素安定同位体比分析を行った。貝塚時代の人骨は炭素安定同位体比が概ね − 14 〜 − 20 ‰で窒素の値は約 8 〜 12 ‰であった。この結果から示唆されたことは彼らが海の資源（サンゴ礁）と陸の資源をほぼ同等に食料として利用していたということである。ちなみに高宮の章で先史時代の人々は海獣には依存していないと述べたが、貝塚時代人の窒素同位体比は 12 ‰以下なので、彼らが海獣よりサンゴ礁域で得られる魚類などをコンスタントに食していたと解釈で

コラム8　炭素・窒素同位体比分析からわかる先史時代の食性

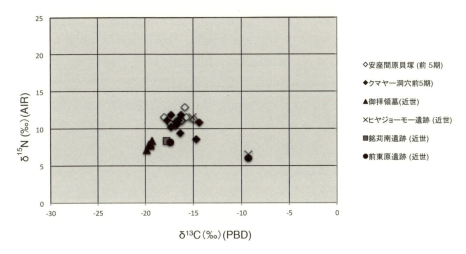

図2　沖縄島貝塚時代前5期および近世人の食性

きる（図2）。動物遺体分析結果と同様に貝塚時代人は海獣ではなく、魚類からタンパク質を得ていたことがわかる。また、近世の人骨は窒素安定同位体比が貝塚時代人よりさらに低くなっている個体が多い。この結果は近世の人々が貝塚時代の人々より植物食を食していたことを明らかにしている。それはおそらくイネ、コムギ、オオムギあるいはサツマイモであろう。ただ、近世人で2サンプル炭素の値が約−10‰のサンプルがある。この2サンプルはアワやキビなどのC4植物を日常的に食していたと考えられる。また、この分析は、近世の人でも前5期と似たような食性の人々がいたことも示している。

　次に徳之島伊仙町に所在するトマチン遺跡の人々の食性についてまとめてみる。この遺跡は臨界砂丘上に立地し、貝塚時代前5期から後1期にかけての遺跡で、石棺墓3基および土壙墓1期が確認されている。石棺墓のうちの一つ（石棺墓1）は大変センセーショナルな石棺墓で、これまで未発見・未報告の上・中・下段の三段構造となっていた。上段には頭蓋骨4体分および四肢骨3体分が収められていた。頭蓋骨のうちの一つは、中段から抜き取られて再葬されたようである。下段は中段埋葬時に破壊され、粉々の人骨が回収されたのみであった。この特異な墓の構造に加えて、トマチン遺跡では遠く離れた新潟県産のヒスイ

玉も1点回収されている（新里編 2013）。

トマチン遺跡出土の人骨10サンプルを炭素・窒素安定同位体比分析により分析を実施した。その結果、炭素安定同位体比は－16～－19 ‰で、窒素安定同位体比は 10～14 ‰の間であった。これらの同位体比はトマチン遺跡の人々がC3植物と海棲魚類をほぼ同程度摂取していたことを示唆するものである。上記の沖縄諸島前5期の人々に近い結果となっている。興味深いことに、「伝統的」な方法では男女差を検証することは不可能に近いが、炭素・窒素安定同位体比分析を利用すると性差を考察することも可能である。例えば、狩猟を主に行っていた男性が肉を、植物の採集を担当した女性が植物食をより多く摂っていたとすると、この違いを窒素・炭素安定同位体比分析によって示すことも可能なのである。トマチン遺跡では男性4サンンプル、女性サンプルおよび性別不明4サンプルが分析の対象となったが、男女差は認められなかった。すなわち、食に関しては平等な社会であったようである（米田ほか 2013）。

次に貝塚時代の終わりからグスク時代初期にかけての遺跡で、喜界島に所在する城久遺跡群の半田遺跡、前畑遺跡および大ウフ遺跡の分析結果を述べる。城久遺跡群は8つの遺跡から構成されており、発掘調査により21世紀琉球列島における大発見の1つとなった遺跡群である。城久遺跡群は島の中央部の標高 90～160 mの海岸段丘に立地しており、遺跡群の面積は10万 ㎡以上であると言われている。その遺跡群の面積にも圧倒されるが、それ以上に検出された遺構や遺物がそれまで琉球列島の常識の範疇を超えるもので、それも数多く検出された。例えば、数百棟の掘立柱建物跡や役所の跡と考えられる遺構や多数の土坑墓や火葬墓などである。さらに出土した人工遺物はそのほとんどが島外産で特徴付けられ、大宰府系の土師器、越州窯系青磁、朝鮮系無釉陶器および初期高麗青磁など中国や朝鮮半島産の人工遺物や徳之島産のカムィヤキなどである。遺跡の年代は9世紀から10世紀前半、11世紀後半から12世紀前半および13世紀から15世紀後半である。また、城久遺跡群の遺跡からはオオムギ、コムギ、イネおよびアワなどの栽培植物が検出されており、この遺跡で暮らしていた人々は栽培植物を食料としていたことが判明している。

半田遺跡の3サンプルおよび前畑遺跡の2サンプルの人骨から炭素・窒素安定同位体比を得ることができた。前畑遺跡人骨の炭素安定同位体比は－19～

−18‰で、窒素安定同位体比は約11‰であった。一方半田遺跡人骨の前者は−15〜−17‰、後者は9.4‰であった。分析者によると半田遺跡人と前畑遺跡人の食性には統計学的に優位な差があったという。すなわち、前畑遺跡人はC3植物と海棲魚類を食料源としていたようである。前畑遺跡の人々はトマチン遺跡の人々や沖縄諸島貝塚時代前5期の人々と同様な同位体比であるが、貝塚時代人が堅果類を食していたのに対し、前畑遺跡の人々はオオムギやコムギを食していたのであろう。半田遺跡人は貝塚時代前5期人や前畑遺跡人と比較すると炭素安定同位体比が高く、また窒素安定同位体比が低くなっている。この結果はC3植物や海棲魚類に加えてアワなどのC4植物も食していた可能性を示唆するものであるという。分析者は前畑遺跡と半田遺跡の食性の違いの可能性として3つあげている。①食性の違いは遺跡の年代が異なる、②同時代であるが遺跡によって食性が異なる、および③島外の人々が移住してきた（覚張・米田 2013）。ちなみに前畑遺跡ではパレオラボにより炭素・窒素安定同位体比分析がなされているが、パレオラボ分析結果はそのサンプルの前畑遺跡人は半田遺跡人のように海の資源を利用していたという（中村・Lomtatidze・廣田 2011）。

　最後に、ここでは大ウフ遺跡出土のウシの安定同位体比分析も行われた。3サンプルのウシの安定同位体比は炭素安定同位体比が−14〜−15‰で、窒素安定同位体比は3〜6‰であった。今まで述べてきた城久遺跡群人のサンプルと比較して、炭素安定同位体比が高く、窒素安定同位体比が低い。この結果はウシがアワなどのC4植物も餌として与えられていたと解釈できる（覚張・米田 2013）。この分析は炭素・窒素安定同位体比分析が人間のみならず、家畜や野生動物の食性およびそれをもとにした環境を復元することも可能であることを提示している（覚張・米田 2013）。

　以上は貝塚時代からグスク時代に関しての炭素・窒素安定同位比分析による食性の復元であるが、近年では1万年以上古い旧石器時代の人骨からもこの方法により彼らが何を食べたかを明らかにしている。石垣島に所在する白保竿根田原洞穴遺跡での分析事例である。この遺跡の発掘調査も今世紀のビッグニュースの一つであった。まず、石垣島において初めて旧石器時代の遺跡が確認されたのみならず、化石人骨の残りにくい日本列島において19個体分

という多量の化石人骨が検出された。これほど多くの化石人骨が検出され、また化石人骨の発掘時の姿勢などから、この遺跡は旧石器時代の「墓」とも言われている。さらに、人骨の保存状態が非常に良く、初めて化石人骨から直接年代測定を実施することが可能となった（DNAも。篠田章）。それまで沖縄県から出土した化石人骨の年代は人骨そのものではなく、共伴した炭化木材などを利用していた。その結果更新世末の年代が得られたのであるが、化石人骨の年代に懐疑的な研究者は年代測定に使用されたサンプルの年代は更新世末かもしれないが、化石人骨自体は完新世と考える研究者もいた。白保竿根田原洞穴遺跡では化石人骨自体から直接年代測定をし、1万4000年前から2万8000年前の年代を得た。旧石器時代人はこの島に存在したことが証明されたのである。僥倖という言葉があるが、この遺跡は研究者に思いがけない幸せをもたらしたと言っても過言ではない遺跡の一つであろう。

　米田・覚張・内藤（2013）は約1万6000年前から約2万1000年前の人骨を対象に炭素・窒素安定同位体比分析を行った。これほど古い人骨であるにもかかわらず、安定同位体比分析は彼らがどのようなものを食したかを示したのである。5サンプルの炭素同位体比は－18〜－19‰で、窒素安定同位体比は約11‰であった。米田・覚張・内藤（2013）は同時に検出されたイノシシの炭素・窒素安定同位体比も実施している。その結果、化石人骨の安定同位体比はC3植物とC3植物を主な食料源としたイノシシを食したためだと解説している。また1サンプルは前者が－23‰および後者は9.8‰で、もう1サンプルはそれぞれ－17.8‰および8.2‰であった。若干上述した5サンプルと値は異なるが、おそらく彼らもC3植物を主食料源としていたという。興味深いことに、これらの旧石器時代人は貝塚時代人と比較するとそれほど海の資源を利用していなかったと分析者は述べている。

　最近、米田ら（米田・片桐・土肥 2017）は同位体比分析による沖縄県先史時代人の食性復元をまとめている。動物骨（リュウキュウイノシシ）の興味深い分析結果や沖縄・先島諸島の時代ごとの食性の特徴および完新世における白保竿根田原洞穴遺跡の人々の食性の変遷など盛りだくさんの研究成果が報告されている。同位体比分析の基本的な説明に加え、まさに最新のデータを提供している。同位体比分析に刺激を受けた読者には一読をお勧めしたい。

Ⅳ. まとめ・結論

　奄美・沖縄諸島の先史時代人は何を食べたかというテーマは多くの研究者や一般の方々を魅了してきたテーマの一つである。彼らの食性を復元する方法として動物遺体や植物遺体の分析が奄美・沖縄諸島では長年実施されてきたが、このコラムでは炭素・窒素安定同位体比分析によるアプローチを紹介した。第4章～第6章の「伝統的」な方法では知り得ることの難しい、あるいはみえない先史時代人の食生活事情を炭素・窒素安定同位体比分析は提供する。例えば本コラムで述べたトマチン遺跡では脊椎動物や貝類の分析も実施されている。前者の結論は、トマチン遺跡の人々はサンゴ礁域魚類を主な対象とし、加えて陸上ではイノシシをメイン・ターゲットとした傾向がうかがえたが、全体的にはサンゴ礁域における漁労が活発であったという。また、貝類分析からは400点ほどの貝類が同定されている。一方、植物遺体はまったく検出されなかった(新里編 2013)。これらの情報からはトマチン遺跡の人々は海の資源を主に利用していたという結論となるのではないであろうか。トマチン遺跡における人骨の炭素・窒素安定同位体比分析では、実際サンゴ礁域より得られる資源を利用していたが、同時にC3植物も重要な食資源であったことが明示された。本コラムで提供した他の事例によっても、この分析方法が先史学における強力な「助っ人」であることを読者の方々にはご理解いただけたのではないであろうか。

　このように炭素・窒素安定同位体比分析は「伝統的」な食性復元のアプローチでは知ることの難しいあるいはできない解釈を先史学に提供するアプローチとなっている。しかし、同時に後者は前者をより一層理解するためのアプローチでもある。トマチン遺跡での炭素・窒素安定同位体比分析では、彼らはサンゴ礁域の魚類とC3植物を主に摂取していたということを明らかにした。しかしながら、炭素・窒素安定同位体比分析のみではサンゴ礁域のどのような魚類を食していたかを提示することはできない。トマチン遺跡における脊椎動物分析によるとブダイ科、ベラ科およびフエフキダイ科が主な漁労の対象であったという。また、貝類ではヤコウガイ・オキニシ・シャコガイ類がトマチン遺跡

の人々の食料となったようである。このような情報は炭素・窒素安定同位体比分析から得ることは難しい。また、トマチン遺跡の人々はC3植物を食したと解釈されたが、どのような植物を利用したかは炭素・窒素安定同位体比分析からは確定することは難しい。残念ながらトマチン遺跡では彼らの食した植物食は回収されなかったが、他の同時期の遺跡出土の植物遺体をもとに想定すると、彼らの食したC3植物はオオムギ、コムギおよびイネなどの栽培植物ではなく、シイの実などの堅果類であったであろう。つまり炭素・窒素安定同位体比分析は先史学にとって不可欠のアプローチであるが、「伝統的」なアプローチと一緒に利用することによって、先史時代の食性をより一層詳細に理解することができるのである。奄美・沖縄諸島では動・植物遺体の分析が精力的に行われており、これらの方法に加えて今後ますます炭素・窒素安定同位体比分析が実施されれば、この地域における先史時代の食性についてより具体的な復元が可能となるであろう。

参考文献

覚張隆史・米田穰　2013「城久遺跡群出骨の炭素・窒素安定同位体比分析」『城久遺跡群　大ウフ・半田遺跡』喜界町教育委員会（編）pp.204-207　喜界町教育委員会：喜界町

新里貴之（編）2013『徳之島トマチン遺跡の研究』鹿児島大学：鹿児島市

高宮広土・Brian Chisolm 2004「沖縄諸島縄文時代晩期人および近世人はなにをたべたか―炭素・窒素安定同位体比分析による食性の復元―」『グスク文化を考える』沖縄県今帰仁村教育委員会（編）pp.401-416 今帰仁村教育委員会：今帰仁村

中村賢太郎・Z. Lomtatidze・廣田正史 2011「前畑遺跡出土人骨の炭素・窒素安定同位体比分析」『城久遺跡群　前畑遺跡・小ハネ遺跡』喜界町教育委員会（編）pp.173-174　喜界町教育委員会：喜界町

米田穰・覚張隆史・内藤裕一 2013「白保竿根田原洞穴遺跡出土人骨および動物骨における炭素・窒素安定同位体比分析」『白保竿根田原洞穴遺跡』沖縄県立埋蔵文化財センター（編）pp.210-218 沖縄県立埋蔵文化財センター：西原町

米田穰・片桐千亜紀・土肥直美 2017「沖縄先史人のくらし―白保竿根田原洞穴遺跡出土人骨の炭素・窒素安定同位体比分析」『科学』6：0543-0549

米田穣・小林紘一・伊藤茂・廣田正史 2013「トマチン遺跡出土人骨の同位体比分析と放射性炭素年代測定」『徳之島トマチン遺跡の研究』新里貴之（編）pp.169-173 鹿児島大学：鹿児島市

まとめ

高宮広土（鹿児島大学国際島嶼教育研究センター）

I. はじめに

　本論文集は考古学、人類学、貝類学および遺伝学などの分野の研究者により多角的および学際的に奄美・沖縄諸島の先史時代を最新のデータをもとに検証したものである。本論文集では、大きく分けて次の3つのテーマがあった。1) いつ頃、ヒト（Homo sapiens）は奄美・沖縄諸島に住み始め、これらの島々で暮らした人々はどこからやってきたのか。2) 彼らはどのような生業戦略によって生存を試みたのか。3) 先史時代にはどのような文化があったのか。以下に時代ごとに3テーマについてまとめてみたい。

II. 旧石器時代

　奄美・沖縄諸島には約3万年前からヒト（Homo sapiens）がいた。港川人などの旧石器時代人の存在を疑問視する意見も研究者の中であったが、山崎コラムにあるように白保竿根田原遺跡やサキタリ洞遺跡の発掘調査により、更新世末には海を渡って島々にたどり着いた人々がいた。サキタリ洞遺跡では最古の釣り針や貝を利用した道具などが検出され、世界的にみても新たな旧石器時代のイメージを提供している。旧石器時代の人々がどのように生きたのかは、この2つの遺跡の発見と発掘調査以前は全くわからなかった。しかし、サキタリ洞遺跡では食料となったと考えられるモクズガニ、カワニナ、ウナギおよびイタジイが報告されている（沖縄県立博物館・美術館 2017 など）。世界最古の釣り針の発見は魚を食していたことを想像させる。一方、白保竿根田原洞穴遺跡における炭素・酸素安定同位体比分析によると白保竿根田原遺跡の旧石器時代人はC3植物とそれに依存していたイノシシが食料と解釈され、魚類（海の資源）はあまり利用しなかったという。沖縄島と石垣島の更新世末の環境の違い、技術レベルの違いあるいは嗜好の違いを表しているのかもしれない。

　旧石器時代人はどこから来たのか。その答えの一つを提供するのが、篠田に

よるミトコンドリア DNA 分析である。分析では、白保竿根田原遺跡出土の人骨の持ち主はハプログループ B およびハプログループ R の系統で、彼らは中国南部や東南アジアが故郷のようである。沖縄諸島の旧石器時代人ではミトコンドリア DNA の成果はないが、著名な港川人の頭蓋骨の詳細な研究はやはり中国南部や東南アジアの人々に近いという（Kaifu et al. 2012）。残念ながら奄美諸島からはこの時代の化石人骨は知られておらず、旧石器時代の奄美諸島の人々がどこから来たのかは今後の研究テーマである。ただし、山崎の述べるように、徳之島や沖永良部島には石灰岩洞穴が多々あり、将来、旧石器時代人も発見されることが期待される。

　旧石器時代人と貝塚時代人はつながるのであろうか。この質問については、旧石器時代と続く貝塚時代前期の人骨が未発見で、現時点において両時代の遺伝的なつながりは不明である。この間の人骨の将来的な発見が待ち望まれるが、篠田によると少なくともハプログループ R は現代の日本人にはなく、現代日本人や琉球列島人には伝えられなかったようである。一昔前は旧石器時代と貝塚時代の始まりを象徴する土器の出現期には数千年の空白の時期があり、人が存在しなかったとも考えられていた。しかしながら、サキタリ洞遺跡の旧石器時代の発見や、最近ではこの空白の時期に属するとされる土器なども報道されている（例えば具志堅コラム）。この時間的ギャップを埋める遺跡の調査により、この時期の人と文化も理解されることになろう。

III. 貝塚時代

　貝塚時代前期は本土の縄文時代にほぼ相当する。その縄文人を特徴づけるハプログループは M7a である。また、篠田によると現代奄美・沖縄人の特徴の一つは M7a であるという。貝塚時代前期人のミトコンドリア DNA 分析は、前期末の遺跡出土の人骨でなされた。その結果、貝塚時代前期にはこの地域の基層となるハプログループ M7a が存在した。驚くべきことに、白保竿根田原洞窟遺跡の 4000 年前より新しい時代の人骨からも M7a が検出されている。貝塚時代には沖縄諸島と先島諸島は別世界というのが考古学的には定説となっているが（例えば新里貴之・新里亮人の章）、この時代に両諸島で交流があったのではないかという衝撃的な仮説を篠田は提唱する。続く貝塚時代後期（弥生

〜平安並行期)になると、現代沖縄人の8割を占めるハプログループが揃うという。ここで注目したい点はハプログループDで、本土日本集団の主体であり、弥生時代に農耕とともにもたらされた。ハプログループDの存在は、貝塚時代後期に本土の弥生農耕民からの遺伝子導入があったという興味深い仮説を篠田は披露する。このハプログループは新里貴之の章で論じられた「貝の道」あるいは「南海産貝交易」を通して、この地域にもたらされたのであろうと考察する。この時期には沖縄本土のサンプルと先島のサンプルからハプログループBも確認されている。この点も両諸島の交流を示唆するものであるかもしれない。しかし、ハプログループBはさらなる南の地域からもたらされた可能性もあるという。

貝塚時代は「停滞(あるいは静的)」の時代ではなく、この時代には活発な人々の活動・活躍があったことがミトコンドリアDNAからみえてきている。また、この時代の文化も決して「遅れている」あるいは「単調」ではなかった。ミトコンドリアDNA分析や形質人類学的な研究により奄美・沖縄人の形成過程がみえてきているが、この時代の生業を含む文化や古環境も近年一段と解明されてきている。

奄美・沖縄諸島の自然環境の特徴の一つはこれらの島々を取り囲むサンゴ礁地形である。貝塚時代人はこの環境から得られる資源を大いに活用した。この点は新里亮人の遺跡立地が海浜と近い海岸砂丘上にあることからもうかがえるが、実際の内容は以下の通りである。黒住によると奄美諸島では前2期から後2期(約6000年前から約1000年前)の遺跡である面縄貝塚出土の貝類についてである。面縄貝塚では遺跡出土の貝類の約6割から遺跡によっては9割、サンゴ礁地形に生息する貝類を利用していた。前1期の遺跡は、例えば沖縄県に所在する野国貝塚群B地点(前1期、6500年前;沖縄県教育委員会 1984)が知られるが、この遺跡からもサンゴ礁域より得られる貝類を利用していたという報告がある。この傾向は多くの奄美・沖縄諸島の貝塚時代の遺跡に当てはまる。また、サンゴ礁域で得られる貝類は腕輪や装飾品などの製品および交易品としても多用された。その中でも今後も注目を浴びると思われるのが、6〜9世紀と10〜12世紀にヤコウガイの交易があったという仮説である。前者は奄美大島北部で大量のヤコウガイが出土しており、その可能性を示唆するもの

であるが、搬出先と想定されているヤマトと中国ではヤコウガイ製品などが出土しておらず、未だに確証には至っていない。後者に関してはヤコウガイが検出された遺跡が現時点まで存在せず、こちらも今後の検証が必要であろうという。また、トマチン遺跡における石棺墓内とそこから約5m離れた石棺墓外から回収された微小なカタツムリによる古環境復元では、両空間におけるカタツムリの組成が異なっていた。石棺内では林縁から開けた環境へと変遷したのに対し、石棺外では開けた環境から林縁へと遷移していた。さらに、カタツムリの分析から、トマチン遺跡の当時の環境が今日の井之川岳に近いような照葉樹林が存在していたことが明らかになった。

　一方、脊椎動物の分析によると約7500年前から5000年前までは、リュウキュウイノシシが多く、魚類の利用は低調であった。上記したように、サンゴ礁域に生息する貝類はこの頃すでに利用されていた。なぜ、サンゴ礁域の魚類を捕獲しなかったのか。樋泉は技術の未発達か精神的な要因の可能性を指摘する。約6000年前から魚類が増加するが、サンゴ礁域の魚はまだ少なかった。この活発な魚類の利用への変遷は、九州縄文人との接触によるものかもしれないという仮説を樋泉は提唱する。サンゴ礁域の魚類が多くなるのは約5000年前からであり、脊椎動物の7割以上を占めるようになる。この傾向は約1000年前まで続く。樋泉は、この間の動物資源利用を安定性・保守性と捉え、この時期の大きな特徴と樋泉は表現する。鳥獣骨では、リュウキュウイノシシが貝塚時代を通して主体となっている。また、徳之島や奄美大島の特筆すべき点にアマミノクロウサギがある。特に面縄第2貝塚では多くのアマミノクロウサギの骨が検出されており、その数はリュウキュウイノシシに次ぐという。また、アマミノクロウサギが砂丘上に形成された面縄第2遺跡で検出されたことは、当時、遺跡の周辺が森林に囲まれていたことを示すものである。

　貝類や脊椎動物遺体の分析では貴重な情報が得られている。つまり、島の環境は大変デリケートであり、特に人間集団が植民すると島の環境の劣悪化や環境破壊が起こるといわれている。実際多くの島では人間集団の植民後、このような現象が報告され、この現象は島の先史学では定説となっている。しかし、黒住によるカタツムリの研究や樋泉による脊椎動物の研究によると、人間集団による劇的な環境の変化は貝塚時代にはなかったという。この研究成果は世界

的にみても大変珍しい文化現象と思われる。

　ところでリュウキュウイノシシであるが、高橋コラムによるミトコンドリアDNA分析によると、今日の琉球列島のイノシシは遺伝的に近縁で、同じ系統から各島のリュウキュウイノシシが進化したことが示されている。しかし、6000年前から2000年前の沖縄諸島および宮古諸島のイノシシには別の系統が存在したことがミトコンドリアDNA分析から明らかになった。リュウキュウイノシシの起源と進化も複雑であることがDNAから判明しつつある。

　遺跡から回収された動物遺体からは、貝塚時代は狩猟・採集・漁労の時代であったことが強く示唆されたが、近年まで植物遺体を得ることがほとんどできず、この時代には農耕があったのではないかという仮説が提唱されていた。約20年前にフローテーション法の導入と2000年前後に琉球列島で初めて確認・調査された3つの低湿地遺跡から回収された植物遺体はほぼ野生種に属するもので、オキナワウロジロガシ、イタジイ、シマサルナシ、タブノキおよびブドウ属などであった。唯一の栽培植物は北谷町に所在する伊礼原遺跡から出土したヒョウタンである。この傾向は、貝塚時代にはオキナワウロジロガシやイタジイなどの堅果類を中心とする食性であったと推測できる。イタジイの仲間は約1万1200年前の貝塚時代前1期の半川遺跡から発見され、さらに上述したように、最近では旧石器時代のサキタリ洞遺跡からも報告されている。堅果類利用の歴史は長いかもしれない。また、植物利用にしても脊椎動物利用と同様に保守的・安定的ということがいえるかもしれない。

　動物遺体および植物遺体の分析により貝塚時代が狩猟・採集・漁労の時代であった可能性が非常に高くなった。仮に彼らがほぼ自然資源に依存して生存していたとすると、この点も世界的には非常に珍しいこととなる。つまり、奄美諸島や沖縄諸島のような島で、狩猟・採集・漁労民が数千年も存在した島は、世界中ほかにほとんどないかもしれないからである。ただし、黒住はヌノメカワニナのデータをもとに、前5期に水生のサトイモの栽培があったのではないかいう仮説を提唱している点は今後も注目する必要がある（黒住2014）。

　さて、ここではコラムに紹介された貝塚時代を簡単に述べる。高梨コラム（奄美大島）は、小湊フワガネク遺跡の調査区11と調査区3、調査区12から大量に出土した動物遺体についてである。両調査区とも魚類が大半を占める点は樋

泉の指摘通りである。しかし、前者はサンゴ礁域の魚類が主体であったのに対し、後者ではサンゴ礁域の魚類は多くはなく、内湾〜沖合性のホシレンコが約35％であった。この分析結果は調査区3、調査区12は冬期に利用されたという季節性と船釣りを行っていたという琉球列島考古学では大変稀な情報を提供している。具志堅コラムは徳之島における大ニュースとなる可能性のある下原洞穴遺跡における爪形文土器（前1期）の発見とそれ以前の時期に属する可能性のある土器（つまり7000年前以前）が検出されたことについて紹介している。下原洞穴遺跡、喜界島の総合グラウンド遺跡、奄美大島の半川遺跡、沖縄諸島の港川フィッシャー遺跡、サキタリ洞遺跡や薮地洞穴遺跡でも7000年前以前の土器といわれる土器が出土している（例えば、沖縄県立博物館・美術館2016；沖縄考古学会編2017など）。この点は奄美・沖縄諸島における土器文化がより一層古くなることおよび7000年以前には航海に長けた人々がいたことを示唆するものである。

　沖永良部島（北野コラム）でも多くの遺跡が確認されている。ここでは中甫遺跡から爪形文土器が検出され、奄美大島に続きこの島にも前1期の遺跡が存在したことが確認された。また、北野によると前1期から後2期までの遺跡が報告されており、前1期から継続して人間集団による生活が営まれたことが示唆される。与論島（呉屋・南・竹コラム）では79日間の遺跡分布調査の結果、48カ所の遺跡が新たに発見され、計78カ所の遺跡が存在することが判明した。そのうち貝塚時代に属するものは17カ所であり、約5000年前、3500〜2500年前および2500〜2000年前の遺跡も確認された。あのような小さな島にこれだけの遺跡が確認されたことは衝撃的でもある。

　貝塚時代人にとって陸の幸と海の幸とどちらが重要であったのであろうか。炭素・窒素安定同位体比分析によると、前5期の人々は海の資源と陸の資源がほぼ半々であったと考えられている。また、この分析ではジュゴンなどの海獣は食されていたとしても、それほど多くを占めなかったことが判明した（高宮コラム）。動物遺体分析を参考にすると、海の幸はサンゴ礁域に生息する魚類や貝類であったであろう。また、陸の幸は堅果類とイノシシなどであったであろう。サンゴ礁域から得られる資源とシイ属や他の堅果類およびイノシシなどの陸資源が存在していたので、農耕を必要としなくとも島で生存できた人々が

数千年あるいは一万年以上いたのであろう。

　最後に貝塚時代後1期についてまとめる。貝塚時代は狩猟・採集・漁労の時代であったが、人々は島嶼環境で生き抜くために様々な文化的適応を試みた。この点は動物遺体分析や植物遺体分析、あるいはコラムでの紹介でご理解いただけたであろう。新里貴之による後1期の土器や外来品の分析は、この時期のダイナミズムを顕著に表すものである。この20年程のデータの蓄積により、この時期の人々の活発な動きがみえてきた。まず、九州弥生系土器や奄美系土器が沖縄諸島で多く検出される傾向が明らかになった。つまり、九州や奄美の人間集団が沖縄諸島を目指していたと考えられる。さらに鉄器や青銅器などの外来品も沖縄諸島に集中している。この外来土器や外来品出土のパターンは奄美の人々を介しての九州と沖縄諸島の南海産貝交易を反映していると新里貴之は考察する。実際、外来土器および外来品出土の頻度は、九州でイモガイやゴホウラが出土し、沖縄諸島で貝集積遺構が検出される時期と一致する。さらに、外来土器や外来品は沖縄諸島の各遺跡から均等に出土するのではなく、諸島内の特定の遺跡に集中していた。この点は沖縄諸島においてやや複雑な社会が形成されつつあることを示唆しているのかもしれない（高宮・新里 2013）。しかし、後1期後半になると外来土器や外来品は沖縄諸島では激減し、大隅諸島（種子島）で多出するようになる。大隅諸島が南海産貝交易の中心となり、南北の文化の中継点となったと考えられる。ここでもやや複雑な社会が形成された可能性がある（高宮・新里 2013）。後1期にはおそらく長距離交易が要因となって、沖縄諸島あるいは大隅諸島でやや複雑な社会が出現したが、このレベルから一層複雑なグスク社会へと進化することはなかった。

IV. グスク時代～

　篠田は現代沖縄人（おそらく奄美人）の遺伝的形成の8割ほどは貝塚時代後期にあったという。続くグスク時代には沖縄島、宮古島および波照間島でハプログループM7aやD4系統が検出され、南西諸島人の特徴的なハプログループが広範囲で確認されるようになる。グスク時代は長距離交易の時代ともいわれるが、王陵といわれる浦添ようどれの一体は中国南部から渡来したとみられる。喜界島の中世から近世の人々は南九州、特に現代の宮崎県人に非常に類似

する。そしてその喜界島の人々は、現代沖縄人にも遺伝的に近い。グスク時代には宮崎・南九州の人々の南下があったのであろうとする。

　グスク時代には奄美・沖縄諸島の社会、文化、環境、生業は激変し、初めて奄美・沖縄諸島と先島諸島が同じ文化圏となったというのが考古学の定説である。城久遺跡群などの遺跡からはアワ、オオムギ、コムギあるいはイネなどの栽培植物が検出されている。奄美諸島では8世紀から12世紀に、狩猟採集から農耕へと変遷していった。しかし、重要な栽培植物には統一性がなく、遺跡によってはイネ、また別の遺跡ではコムギなどが重要であった。城久遺跡群では時間の経過とともにオオムギが重要な作物になりつつある（野﨑コラム）。炭素・窒素安定同位体比分析では城久遺跡の人々にとって植物食が重要になった人と、未だに海資源を多く摂取していた人々がいた。この時期における植物食は堅果類ではなく、オオムギ、コムギあるいはイネであったであろう。沖縄諸島では百年ほど遅れて栽培植物が出現する。ただし、長い奄美・沖縄諸島の先史時代を考慮すると、この地域ではほぼ同時に農耕が導入されたと解釈してよいであろう。奄美諸島と異なり、沖縄諸島の初期農耕民はアワを重視したようである。その後、両諸島で農耕は本格化していく。

　ある文化とある文化が接触した際、文化の変化が起こるという仮説がある（伝播説）。何をもって「高いあるいは優れた」文化および「低いあるいは遅れた」文化とみなすかわからないが、伝播説を唱える人たちには農耕が進んだ文化で狩猟採集は遅れた文化と想定し、農耕民と狩猟採集民が接触した際、後者は前者を受けいれると考えていた。奄美・沖縄諸島の先史学はそれを否定する意義ある情報を提供している。近年の研究により、この地域で狩猟採集から農耕への変遷は貝塚時代の終わりからグスク時代の初めにあったことが明らかになりつつあるが、実はその前の時期に、奄美・沖縄の人々は農耕民との接触があった。特に顕著な例が「海の道」・「南海産貝交易」である。この時期、奄美・沖縄の人々は確実にイネを中心とする農耕の存在を知っていたであろう。このコンタクトの時期、彼らは農耕に飛びつかなかった、あるいは否定した（安里 1992；黒住 2014；Takamiya 2001）のである。また、新里貴之によると大隅諸島や奄美諸島の土器は九州の影響を受けて弥生土器化したとみなすことができるが、九州系弥生土器や奄美沈線文脚台系は沖縄諸島に多くもたらされている

という。その沖縄諸島では九州系弥生土器の影響を受けず、新里貴之は「異系統土器である弥生土器と接触したからといって、（文化変容が）その度合いで行われるものではない」と結んでいる。伝播説では簡単に説明できないことをこれらの事例は示している。このような狩猟・採集・漁労民が貝塚時代の終わりからグスク時代の初めにかけてなぜか農耕を受け入れ、模倣土器を作り始めるのである。その要因は何であろうか。

　グスク時代初期になると、人々は貝塚時代ほど貝類を利用しなかった。貝が出土する遺跡は極端に少なくなる。この現象を黒住は、農耕が強制された結果、海へ行く機会が減少したためと考えている。実際、脊椎動物の利用にしても、サンゴ礁域の魚類はこの時代になると減少する。新里亮人による遺跡分布状況も、グスク時代になると貝塚時代ほど海の資源が重要ではなかったという動物遺体分析の結果と対応するものかもしれない。魚類の減少に対して、ウシなどの家畜動物が増加する。ウシは耕地の開拓や農作業の役畜として重要であったであろうと樋泉は推測するが、農耕が始まったほぼ同時期にウシの骨も確認されることは樋泉の推測を支持するものである。興味深いことに沖永良部島に所在する鳳雛洞遺跡では、樋泉や北野も述べているように、光届かぬ洞窟の奥部からウシの骨が発見され、祭祀的な遺跡と想像された。この遺跡の土壌サンプルをフローテーション処理したのち、植物遺体を回収したところ、オオムギのみが検出された。沖永良部島ではこの頃（12〜13世紀）、オオムギが祭祀的にも重要な栽培植物であったのかもしれない（新里貴之編 2014）。一方、近世の沖縄の人々も植物食が重要になってきたことが炭素・窒素安定同位体比分析で明らかになった。この頃にはすでに農耕が生業の基盤となっていたので、その栽培植物はオオムギなどの穀類や、もしかしたらサツマイモであったのかもしれない。また、少なくとも分析した2人は、アワやキビなどを主食としていたようである。さらに、近世になっても貝塚時代人と同様に、ある程度、海の資源を摂取していた人々もいた（高宮コラム）。近世になると多様な食性があったようである。

　グスク時代の特徴の一つは農耕が生業の中心になったことで、各遺跡から出土した植物遺体はその点を証明している。また、新里亮人の報告にあるように、集落の隣接地で水田跡も確認されていた。最近の発見では喜界島に所在する崩

リ遺跡で、11世紀後半以前と思われる畠跡と考えられる遺構が検出されたことも注目に値する。同様の遺構がケブラノコシ遺跡でも確認されている。後者は現在年代を含め検証中であり、今後に注目したい。グスク時代は鉄器の時代でもあった。喜界島の崩リ遺跡からは、12世紀代の鉄滓や炉壁が出土し、製鉄が行われたことも判明している（野﨑コラム）。沖永良部島のグスク時代の遺跡である前当遺跡では滑石製石鍋や鉄滓、ふいごの羽口および鍛冶遺構が確認されている（北野コラム）。

その沖永良部島でも貝塚時代とグスク時代に大きな社会的・文化的確変があった（北野コラム）。他の島々のように滑石製石鍋、カムィヤキおよび中国産陶磁器が検出され、社会構造にも変化があったという。この島の印象的な考古学的データは、薩摩統治期以前に造られた世之主の墓をはじめとする大規模な墓で、このような規模の墓が一つの島に多数確認される島は他にないという。現在、和泊町・知名町教育委員会によって調査がなされているが、成果の待ち遠しいテーマの一つである。与論島（呉屋・南・竹コラム）では、計78遺跡のうち、54遺跡が中世・近世相当期であった。遺跡の中には、カムィヤキ・中国産磁器・褐釉陶器などと、くびれ平底系土器、グスク系土器および与論独自の土器群が確認された遺跡もあった。呉屋・南・竹の調査は今後の与論島の先史時代〜近世を理解するための貴重な一歩である。

緩やかな文化・社会の変遷が起こった貝塚時代と比較して、グスク時代への文化・社会変化はまさに激変であった。この時代は新里亮人のいう「農耕の普及から一気に王国成立」の基層となった時代でもあった。王国形成の要因を探求するために、新里亮人は沖縄諸島に加えて、奄美諸島および先島諸島出土の滑石製石鍋、カムィヤキおよび中国陶磁器を総合的に比較検証した。その結果は、王国形成がなぜ沖縄島で興ったかについてヒントを与えるものとなった。滑石製石鍋は把手付タイプ（11〜12世紀）と鍔付タイプ（13世紀以降）に分類できるが、前者は九州と琉球列島から多く出土している。また、カムィヤキの技術は朝鮮半島・北部九州を経由して徳之島に導入された可能性が強いが、その古いタイプであるA群（11世紀〜13世紀）は南九州から先島へと分布している。さらに、11世紀から12世紀の代表的な中国陶磁器は玉縁口縁白磁碗などであるが、これらは北部九州を起点にしている。これらの琉球列島におけ

る出土状況をみると奄美諸島で多く出土しており、奄美諸島は北部九州や南九州からモノのみではなく、情報も彼の地からより速くより多く入手したと考えられる。これらを元に、奄美諸島では少なくともこの頃には階層社会が出現していた可能性が高い。新里亮人は滑石製石鍋、カムィヤキ、玉縁口縁白磁碗および階層社会は奄美諸島からさらに南の島々へと拡散したと考える。一方、13世紀に入ると九州との経済関連に加えて、南中国との経済関係も発展していく。この時期、大きな役割を果たしたのが先島諸島であった。そこでは中国南部産のビロースクタイプや今帰仁タイプとして知られる陶磁器が出土し、琉球列島への中国陶磁器がさらに増加することになる。沖縄諸島では北のルートおよび南のルートから様々な食器類が導入され、それらが階層社会を表現する象徴的な意味も備わっていたと新里亮人は結んでいる。脊椎動物の分析からも階層による食性の違いが指摘されており、その食性の違いが食器類に反映されていた可能性がある。グスク時代の人々も、島嶼環境で生存するために様々な文化的適応を試みたのである。

V. 最前線：結論

　過去約20年間の研究成果は多くの新知見を提供した。しかし、新たな知見は同時に、多くの今まで想像もつかなかった新たな疑問あるいは研究課題を提供することになった。各章および各コラムをお読みになってそう感じられたのではないであろうか。それぞれの章やコラムからは、今後の発掘調査により、さらなる新事実が解明されるであろうことが期待される。また、この地域の先史学の特徴であり、先史時代をより一層理解できてきたのは多様な分野の研究者が貢献してきた点、いわゆる学際的な研究が特に1990年代頃から実施されてきたからである。学際的なアプローチにより過去を研究することの醍醐味も読者の皆様にも本書を通してお感じになっていただけたのではないであろうか。実は奄美・沖縄諸島の先史学では他にもいろいろな分野の研究者が先史時代の研究を行っており、本論文集はそのほんの一部を提供できたのみである。将来的にはそれらを総合的に分かりやすく一般の方々に紹介することができればと願うものである。

謝辞

　本シンポジウムの書籍化をご快諾してくださった鹿児島大学前田芳實学長に心より感謝申し上げる。また、シンポジウムのテーマを「奄美・沖縄諸島の先史時代」とすることに賛同してくださった鹿児島大学国際島嶼教育研究センターのメンバーの後押しにより、本シンポジウムを開催することができ、ここに感謝の意を表したい。最後に、南方新社の梅北優香さんには本論文集が世にでるまで多大なご迷惑・ご心配をおかけしてしまった。梅北さんには心より感謝申し上げたい。

参考文献

安里嗣淳 1992「琉球諸島の先史遺跡と小笠原」『小笠原諸島他遺跡分布調査報告書』小田静夫・早川泉（編）pp.59-64 東京都教育委員会：東京都

沖縄県教育委員会（編）1984『野国　野国貝塚群B地点発掘調査報告書』沖縄県教育委員会：那覇市

沖縄県立博物館・美術館 2016『港川人の時代とその後　琉球弧をめぐる人類史の起源と展開』沖縄県立博物館・美術館：那覇市

沖縄県立博物館・美術館（編）2017『沖縄県南城市サキタリ洞遺跡発掘調査概要報告書IV』沖縄県立博物館・美術館：那覇市

沖縄考古学会（編）2017『2017年度沖縄考古学会研究発表会〜沖縄の土器文化の起源を探る〜』沖縄考古学会：西原町

黒住耐二 2014「貝類遺体からみた沖縄諸島の環境変化と文化変化」『琉球列島先史・原史時代の環境と文化の変遷に関する実証的研究　研究論文集　第2集　琉球列島先史・原史時代の環境と文化の変遷』高宮広土・新里貴之（編）pp.55-70 六一書房：東京

新里貴之（編）2014『島嶼地域における洞穴遺跡の基礎的研究　沖永良部島鳳雛洞・大山水鏡洞の研究』鹿児島大学埋蔵文化財調査センター：鹿児島市

高宮広土　印刷中　「半川遺跡（中山）出土の植物遺体」『中山清美氏追悼論集（仮）』中山清美氏追悼論集編集委員会

高宮広土・新里貴之 2013「琉球列島貝塚時代における社会組織の変化」『古代文化』64（4）：98 - 110

Kaifu, Y., M. Fujita, R. T. Kono, and H. Baba. 2012. "Late Pleistocene modern human mandibles from the Minatogawa fissure site, Okinawa, Japan: Morphological affinities and implications for modern human dispersals in East Asia" *Anthropological Science* 124(2): 137-157.

Takamiya, Hiroto 2001 "The transition from foragers to farmers on the island of Okinawa" *Indo-Pacific Prehistory Association Bulletin* 21:60-67

■ 執筆者紹介（50音順）

北野堪重郎（きたの　かんじゅうろう）
1976年、鹿児島県生まれ。現在、和泊町教育委員会に勤務（文化財・青少年行政担当）。専門は考古学。岡山理科大学大学院修士課程（総合理学専攻）修了。2004年、和泊町教育委員会に採用、以来現職。

具志堅　亮（ぐしけん　りょう）
1984年、沖縄県生まれ。現在、天城町教育委員会学芸員。専門は南島考古学。2006年に沖縄国際大学を卒業し、2012年より現職。発表・共著論文には「今帰仁城跡、シイナグスク出土土器の検討」、「中世並行期における南西諸島の在地土器の様相」、「グスク土器の変遷」、「徳之島の線刻画群（印刷中）」など。

黒住耐二（くろずみ　たいじ）
1959年、京都府生まれ。現在、千葉県立中央博物館主任上席研究員。専門は貝類学。琉球大学大学院生物学専攻修士課程修了。著書に『文明の盛衰と環境変動』（2014年、岩波書店）、『日本近海産貝類図鑑［第二版］』（2017年、東海大学出版部）（いずれも分担執筆）など。

呉屋義勝（ごや　よしかつ）
1953年、沖縄県宜野湾市生まれ。現在、沖縄国際大学南島文化研究所特別研究員。専門は考古学。沖縄県立普天間高等学校卒業。宜野湾市教育委員会を2014年に退職。発表共著論文に「考古学からみた宜野湾」（1994年、『宜野湾市史』第1巻）、「与論(ゆんぬ)の中世併行期の遺物について－サアクラ系土器の提唱－（仮称）」（執筆中）など。

篠田謙一（しのだ　けんいち）
1955年、静岡県生まれ。国立科学博物館副館長・人類研究部長。博士（医学）。専門は分子人類学。著書に『日本人になった祖先たち』（2007年、NHK出版）、『DNAで語る日本人起源論』（2015年、岩波書店）など。

新里亮人（しんざと　あきと）
1977年、沖縄県生まれ。熊本大学社会文化科学研究科修了、博士（文学）。専門は考古学。2004年より伊仙町教育委員会学芸員として勤務し、現在に至る。主要論文に「琉球列島における窯業生産の成立と展開」『考古学研究』49（4号　通巻196号）：75～95（2003）、「グスク時代琉球列島の土器」『考古学研究』64（1号　通巻253号）：60～81（2017）など。

新里貴之（しんざと　たかゆき）
1971年、沖縄県生まれ。鹿児島大学埋蔵文化財調査センター助教。博士（学術）。専門は南島考古学（主に土器）。編書に『徳之島トマチン遺跡の研究』（2013年、鹿児島大学）、『沖永良部島鳳雛洞・大山水鏡洞の研究』（2014年、鹿児島大学）、共編『琉球列島先史・原史時代における環境と文化の変遷に関する実証的研究　研究論文集』（2014年、六一書房）など。近年はトカラ列島調査に従事。

高梨　修（たかなし　おさむ）
1960年、東京都生まれ。奄美市立奄美博物館学芸員。専門は日本考古学。法政大学大学院人文科学研究科日本史学専攻博士課程単位取得退学。著書に『ヤコウガイの考古学』（2005年、同成社）、『沖縄文化はどこから来たか』（2009年、森話社、共著）など。

高橋遼平（たかはし　りょうへい）
1984 年、静岡県生まれ。山梨大学大学院総合研究部医学域 法医学講座・助教。理学博士。専門は動物考古学。総合研究大学院大学 先導科学研究科 生命共生体進化学専攻 5 年一貫制博士課程修了。

高宮広土（たかみや　ひろと）
1959 年、沖縄県生まれ。鹿児島大学国際島嶼教育研究センター教授。Ph.D. in Anthropology, University of California, Los Angeles。専門は先史人類学。著書に『琉球列島先史・原史時代における環境と文化の変遷に関する実証的研究　研究論文集（共編）』（2014 年、六一書房）など。

竹　盛窪（たけ　もりくぼ）
1952 年、鹿児島県与論町生まれ。現在、古里自治公民館館長。専門は農学。東京農業大学農学部造園学科卒業。与論町役場を 2007 年に退職。発表共著論文に『与論島 - 琉球の原風景が残る島 - 』（2005 年、ナカニシヤ出版）、「与論 (ゆんぬ) の中世併行期の遺跡とシニグ祭祀の祭祀場について！（仮称）」（執筆中）など。

樋泉岳二（といずみ　たけじ）
1961 年、山梨県生まれ。早稲田大学教育学部非常勤講師。専門は動物考古学。早稲田大学文学研究科修了。論文に「琉球先史時代人と動物資源利用 - 脊椎動物遺体を中心に - 」（2011 年、『先史・原史時代の琉球列島～ヒトと景観～』六一書房）、「脊椎動物遺体からみた琉球列島の環境変化と文化変化」（2014 年、『琉球列島先史・原史時代の環境と文化の変遷』六一書房）など。

野﨑拓司（のざき　たかし）
1981 年、高知県生まれ。喜界町埋蔵文化財センター主査。専門は古代～中世にかけての奄美群島の考古学。琉球大学大学院人文社会科学研究科修士課程修了。2007 年より現職。城久遺跡や手久津久・荒木中央地区の遺跡など喜界町埋蔵文化財発掘調査業務に従事。

南　勇輔（みなみ　ゆうすけ）
1993 年、鹿児島県与論町生まれ。現在、沖縄県立埋蔵文化財センター専門員。専門は考古学。琉球大学法文学部人間科学科卒業。2016 年から現職。発表共著論文に「奄美群島南部地域の兼久式土器編年研究に関する一試案」、「与論（ゆんぬ）の先人の生活跡を訪ねて - 2016・2017 年の遺跡分布調査の概要 - 」（いずれも印刷中）。

山崎真治（やまさき　しんじ）
1977 年、高知県生まれ。沖縄県立博物館・美術館主任。東京大学大学院人文社会系研究科博士課程修了（文学博士）。専門は先史人類学。著書に『島に生きた旧石器人：沖縄の洞穴遺跡と人骨化石』（2015 年、新泉社）など。

奄美・沖縄諸島先史学の最前線

発　行　日	2018年3月20日　第一刷発行
編　　　者	高宮広土
発　行　者	向原祥隆
ブックデザイン	オーガニックデザイン
発　行　所	株式会社　南方新社
	〒892-0873　鹿児島市下田町292-1
	電　話　099-248-5455
	振替口座　02070-3-27929
	URL http://www.nanpou.com/
	e-mail info@nanpou.com
印　刷・製　本	株式会社 イースト朝日

定価はカバーに表示しています　乱丁・落丁はお取り替えします
ISBN978-4-86124-376-9　C0020
©Takamiya Hiroto 2018,Printed in Japan